Helfenstein

Adlmansfelt

Lichtenberg

Murhart

Botwar

Murs fl.

Backhang Ebersperg

Burg

Waltestein

Winada

Lorch

Rosenstein

Beuch

Heybach

Rems fl: Schorndorf Hoh: Reichberg Gemündt

Altberg

Weisenstein

Ulbach

Reichberghausen

Heidenheim

Wirtenberg

Esling Vils fl: Geppung Hohenstauf Jundorf Falcke

Wendling Vilseck Beringen Hoh: Eibach

haufen

Weila

Geiß

Kirchen Teck Neidling

Au

Gudenberg Helfenstein

Mittelstatt Weisensteig

Neiffen

Gerhaufen

Blaubeiren Kirch

Reutling Aurach

Minfingen

Katharina Hild
Nikola Hild

Schlösser in der Region Stuttgart

Detailansicht eines Lampenfußes am Haupteingang
von Schloss Rosenstein in Stuttgart

Katharina Hild
Nikola Hild

Schlösser in der Region Stuttgart

Geschichte und Geschichten

Mit Luftbildern von Manfred Grohe

Silberburg·Verlag

Die Textautorin:
Nikola Hild, Jahrgang 1958, ist gebürtige
Tübingerin. Sie studierte ebendort Empirische
Kulturwissenschaft und Germanistik. Von
1990 bis 1999 arbeitete sie als Führerin auf
Burg Hohenzollern, seit 1995 auch auf Schloss
Lichtenstein. Zu beiden Sehenswürdigkeiten
hat sie zusammen mit ihrer Schwester Katha-
rina bereits Bücher verfasst.

Die Fotografin:
Katharina Hild, geboren 1962, ebenfalls in
Tübingen. Sie absolvierte ein Textildesign-
Studium an der Fachhochschule Reutlingen.
Nach dem Studium war sie als Designerin
tätig. Heute arbeitet sie als Fotodesignerin und
leitet die Bildagentur Hild.

Der Fotograf:
Manfred Grohe, geboren 1938, ist einer der
renommiertesten Lichtbildner und Fotojour-
nalisten Deutschlands. Einen Schwerpunkt
seiner Tätigkeiten stellt die Luftbildfotografie
dar. Er wohnt in Kirchentellinsfurt.

Einbandvorderseite:
Blick durch die Baumallee auf Schloss Solitude
Seite 1:
Skulptur im Ludwigsburger Schlossgarten
Seite 2:
Detail am Stuttgarter Schloss Rosenstein
Einbandrückseite:
Schloss Ludwigsburg, Blick von Süden
Vorderes Vorsatzblatt:
Ausschnitt aus der Karte Schwabens
von Matthäus Merian, 1643

Bildnachweis:
Manfred Grohe: S. 12, 43, 60, 111, 152
Landesmedienzentrum: S. 22, 23, 30, 31
Archiv Silberburg-Verlag: 35, 44, 45, 52, 78,
97, 128, 141
Harald Schukraft: S. 47
Deutsches Literaturarchiv Marbach: S. 54
Staatliche Schlösser und Gärten: S. 65, 67,
oben, 67 unten, 106, 107, 108, 109, 112, 118
Alle anderen Fotografien: Katharina Hild

1. Auflage 2009

© 2009 by Silberburg-Verlag GmbH,
Schönbuchstraße 48, D-72074 Tübingen.
Alle Rechte vorbehalten.
Umschlaggestaltung:
Anette Wenzel, Tübingen, unter Verwendung
einer Fotografie von Katharina Hild.
Druck: Offsetdruckerei Karl Grammlich,
Pliezhausen.
Printed in Germany.

ISBN 978-3-87407-818-4

Besuchen Sie uns im Internet
und entdecken Sie die Vielfalt
unseres Verlagsprogramms:
www.silberburg.de

Inhaltsverzeichnis

Die Schlösserwelt Württembergs

*I*n der Region Stuttgart – bestehend aus dem Stadtkreis Stuttgart und den Landkreisen Rems-Murr, Böblingen, Ludwigsburg, Esslingen und Göppingen – finden sich zahlreiche sehenswerte Schlossanlagen. Neben den touristischen Höhepunkten, wie etwa den Schlössern Solitude und Ludwigsburg, die als Schlossmuseen zu besichtigen sind, gibt es etliche weniger bekannte ehemalige Adelssitze zu entdecken, die heute die unterschiedlichsten Institutionen beherbergen und daher teilweise gar nicht oder nur bedingt für die Öffentlichkeit zugänglich sind.

Als Bauherren und Bewohner treten vor allem die württembergischen Herrscher hervor, denen die größten und prächtigsten Schlossanlagen in der Region zu verdanken sind. Gleichwohl geht eine Vielzahl der Bauten auf andere, weniger bekannte und bedeutende Adelsgeschlechter zurück, die jedoch in aller Regel bescheidener ausfielen.

Im Mittelalter dienten vor allem Wehrburgen an geographisch sicheren Orten, insbesondere auf Bergspitzen, als Wohnsitz adeliger Familien. Sie boten zwar weitgehend Schutz vor feindlichen Angriffen, aber keinen Wohnkomfort. Zumeist war die Dürnitz der einzige größere Raum. Alle anderen Gemächer waren klein, dunkel, zugig und schlecht beheizbar. Daher begannen zahlreiche Adelsgeschlechter seit Ende des 15. Jahrhunderts, ihre Residenzen in die Täler zu verlegen,

Der Dürnitzbau des Alten Schlosses in Stuttgart mit vorgelagertem Archivbau

Das Seeschloss Monrepos am Eglosheimer See in Ludwigsburg

wo nun wohnliche Schlossanlagen mit hellen, lichten Sälen und teilweise ausgedehnten Gartenanlagen entstanden. Ein ganz typisches Beispiel sind hierfür die Herren von Rechberg, die Mitte des 16. Jahrhunderts ihren Stammsitz auf dem namensgebenden Rechberg unweit von Göppingen aufgaben und in die nahe gelegene Ortschaft Donzdorf übersiedelten, wo sie sich ein prächtiges Stadtschloss errichten ließen.

Dabei entstanden jedoch nicht nur Neubauten. Zuweilen wurden auch ältere Stadtburgen, wie etwa in Stuttgart und in Leonberg, zu Renaissanceschlössern umgestaltet. Durch großzügige An- und Umbauten wurde dem gesteigerten Anspruch an Wohnkomfort und Repräsentation Rechnung getragen, wobei allerdings zumeist ein Stück weit der wehrhafte Charakter der alten Gemäuer erhalten blieb.

Eine Besonderheit unter den württembergischen Schlossbauten des 16. Jahrhunderts stellen die Landesfestungen dar. Nachdem Herzog Ulrich, der 1519 vom Schwäbischen Bund aus Württemberg vertrieben worden war, 1534 sein Land zurückgewonnen hatte, begann er zur Sicherung seiner wiedererlangten Herrschaft die Landesverteidigung zu modernisieren. An sieben strategisch wichtigen Orten entstanden Landesfestungen mit umfangreichen Kasematten, Wällen, Gräben, Geschütztürmen und Bastionen. Zum einen wurden alte Höhenburgen nach dem damals gültigen Stand der Kriegskunst ausgebaut, zum anderen ganze Städte, wie beispielsweise Kirchheim und Schorndorf, befestigt. Dabei zählte ein (Burg-)Schloss zum festen Bestandteil der städtischen Befestigungsanlagen, die in späteren Jahren unter Ulrichs Sohn Christoph nochmals verbessert wurden.

Einen Höhepunkt des Schlossbaus setzte das Barock. König Ludwig XIV. von Frankreich hatte mit dem Bau seines Schlosses in Versailles gleichsam die stilistische Blaupause vorgelegt. Das Raumprogramm des gigantischen Schlossgebäudes stand ganz im Zeichen des absolutistischen Hofzeremo-

Stuttgarter Nachtansicht: das illuminierte Neue Schloss vom Ehrenhof aus gesehen

niells. Und die großzügigen Parkanlagen boten mit ihren Wasserspielen und Labyrinthen die Kulisse für die prunkvollen Vergnügungen der verwöhnten Hofgesellschaft.

Seit dem ausgehenden 17. Jahrhundert eiferten die Fürsten ganz Europas dem Vorbild des Roi Soleil nach. Wer es sich leisten konnte – und auch so mancher, der es sich nicht leisten konnte – ließ sich außerhalb seiner Hauptstadt auf dem Land eine prächtige Schlossanlage mit einem weitläufigen Park errichten.

Auch den württembergischen Herzog Eberhard Ludwig, der Versailles auf einer Frankreichreise kennen gelernt hatte, gelüstete es nach einem repräsentativen Barockschloss, zumal er das (Alte) Schloss in Stuttgart als nicht mehr zeitgemäß und eines barocken Herrschers unwürdig empfand. Allerdings gehörte er zu jenen Fürsten, die sich ein derart umfangreiches Bauprojekt eigentlich nicht leisten konnten. Schließlich war Württemberg seinerzeit kein begütertes Land. Denn rund

fünfzig Jahre nach Kriegsende litt es noch immer unter den verheerenden Folgen des Dreißigjährigen Krieges, der gerade in Süddeutschland besonders schlimm gewütet hatte.

Gleichwohl gelang es Eberhard Ludwig gegen den Widerstand der württembergischen Finanzbehörden, den Bau des nach ihm benannten Schlosses Ludwigsburg durchzusetzen, eines der größten heute noch erhaltenen Barockschlösser. Darüber hinaus entstand infolge des Schlossbaus gleich eine komplette neue Stadt: die (zeitweilige) Residenzstadt Ludwigsburg.

Herzog Carl Eugen, der Sohn von Eberhard Ludwigs Nachfolger Herzog Carl Alexander, zeigte sich kein bisschen bescheidener. Kaum hatte er 1744 als Jugendlicher den württembergischen Herzogsthron bestiegen, forderte er auch schon eine »standesgemäße Wohnung« für seine Person. Ein Ausbau des Stuttgarter Renaissanceschlosses konnte seinen Ansprüchen nicht genügen. Es musste schon eine große und prächtige Barockanlage nach dem immer noch gültigen Vorbild von Versailles sein. Und obwohl das immer noch nicht gerade wohlhabende Land mit einem so umfangreichen Vorhaben finanziell überfordert war, konnte Carl Eugen seinen Willen durchsetzen. In der Stuttgarter Innenstadt kann man bis heute besichtigen, was der junge Herzog unter einer standesgemäßen Wohnung verstand. Dort ließ er eine weitläufige spätbarocke Dreiflügelanlage errichten, die zur Unterscheidung vom benachbarten Alten Schloss als Neues Schloss bezeichnet wird.

Herzog Carl Eugen war sicherlich einer der baufreudigsten Herrscher Württembergs. Er hat uns zahlreiche Schlossbauten hinterlassen, in denen sich auch die stilistischen Entwicklungen während seiner fast 50-jährigen Regierungszeit widerspiegeln. Während sein erstes Projekt, das Neue Schloss, noch im Stil des Barock gehalten ist, treten uns bei seinen späteren Schöpfungen Elemente des Rokoko und des Frühklassizismus entgegen.

In diesen späteren Schlossbauten zeigt sich zugleich eine veränderte Intention. Während bei der Errichtung des Ludwigsburger und des Neuen Schlosses Repräsentation und Prachtentfaltung im Vordergrund standen, sollen die Schlösser nun die Funktion privater Rückzugsorte auf dem Land einnehmen. Carl Eugen folgte damit einer Modeerscheinung seiner Zeit. Der Name seines neuen Schlosses, »Solitude«, war Programm. Denn der Herzog suchte in der ländlichen Einsamkeit – fernab vom Hof und der höfischen Etikette – Ruhe vor den Sorgen der Welt. Allerdings sollte man in diesem Zusammenhang den Begriff Einsamkeit nicht übertrieben wörtlich nehmen, denn Carl Eugen gedachte nicht, dort ein Eremitendasein zu führen, und so wurde auch die Solitude zum Schauplatz höfischer Jagdveranstaltungen und prächtiger Feierlichkeiten.

Erst in seinen späteren Lebensjahren wandte sich der prachtliebende Herzog etwas ernsthafter der ländlichen Ruhe zu. Für seine Mätresse Franziska, die später seine zweite Gemahlin wurde, ließ er Schloss Hohenheim bauen, wo das Paar im so genannten »Englischen Dörfle« gemeinsam Gemüse anbaute. Als weiterer ländlicher Rückzugsort diente Carl Eugen das frühklassizistische Schloss von Scharnhausen.

In jener Zeit zeigte sich auch ein Umdenken in der Gartenarchitektur. Anstelle der streng geometrischen Barockgärten entstanden nun großzügige Landschaftsparks nach englischem Vorbild mit scheinbar »natürlich« angeordneten Baum- und Strauchgruppen, geschwungenen Wegen und Seen. Häufig wurden, wie etwa in Donzdorf, dem Sitz der Grafen von Rechberg, barocke Schlossgärten zu Englischen Landschaftsgärten umgestaltet. Noch öfter entstanden jedoch komplette Neuschöpfungen, wofür hier stellvertretend ein ganz besonderes Kleinod genannt werden soll: der Landschaftspark von Oppenweiler, der das auf einer Insel gelegene achteckige Wasserschloss der Freiherren von Sturmfeder umgibt.

Unter König Wilhelm I. wurden etliche württembergische Schlösser und Gärten auch einer landwirtschaft-

Die Ludwigsburger Residenz gilt als das »schwäbische Versailles«.

lichen Nutzung zugeführt. Nach einer schrecklichen Hungersnot in Württemberg war die Modernisierung der einheimischen Landwirtschaft eine seiner wichtigsten innenpolitischen Aufgaben, in die teilweise auch die Schlossanlagen miteinbezogen wurden. Sein sicherlich bekanntestes Projekt ist die Gründung der Landwirtschaftlichen Unterrichts-, Versuchs- und Musteranstalt Hohenheim, aus der später die Universität Hohenheim hervorgegangen ist.

In Scharnhausen und auf anderen königlichen Domänen wurden in seinem Auftrag Pferdegestüte eingerichtet, die dank ihrer enormen Zuchterfolge bald weit über die württembergischen Grenzen hinaus bekannt und geschätzt waren.

Auch an anderen Stellen des Landes hat man die Impulse, die von den königlichen landwirtschaftlichen Einrichtungen ausgingen, aufgegriffen. So wurde das zwischen Uhingen und Göppingen gelegene Schloss Filseck zu Beginn des 20. Jahrhunderts vor allem landwirtschaftlich genutzt und von der dortigen Pächterfamilie nach den Hohenheimer Standards bewirtschaftet.

Im 20. Jahrhundert, insbesondere nach dem Zweiten Weltkrieg, erlebten zahlreiche Schlösser eine nicht adäquate Nutzung und teilweise starke Vernachlässigung. Manche dienten zeitweilig als Flüchtlingsunterkünfte, Jugendeinrichtungen oder Schulen, was zwangsläufig häufig zu deutlichen Eingriffen in die historische Bausubstanz führte.

Der Erhalt der Schlösser ist nicht nur dem Land Baden-Württemberg und den jeweiligen Städten und Gemeinden zu verdanken, sondern auch der Deutschen Stiftung Denkmalschutz und der Denkmalstiftung Baden-Württemberg. In vielen Fällen wäre die Rettung der teilweise vom Zerfall bedrohten Schlösser jedoch ohne private Investoren und das bürgerschaftliche Engagement vor Ort nicht möglich gewesen. Förder-, Geschichts- und andere Vereine tragen bis heute an vielen Orten wesentlich zum Erhalt der alten Gemäuer bei und füllen sie durch kulturelle Veranstaltungen mit neuem Leben.

Das Alte Schloss – die Burg der Herzöge

»Um zwölf Uhr hatten die Trompeten zur Tafel gerufen. Sie wurde in der Tyrnitz gehalten, einer weiten, hohen Halle, die viele hundert Gäste faßte. Diese Halle war die Zierde des Schloßes von Stuttgart. Sie maß wohl hundert Schritte in der Länge: die eine Seite, die gegen den Garten des Schloßes lag, war von vielen breiten Fenstern unterbro-chen, und der freundliche Tag ergoß sich durch die vielfarbigen Scheiben und erhellte überall das ungeheure Gemach, das mit seinen Wölbungen und Säulen mehr einer Kirche als einem Tummelplatz der Freude glich. Um die drei übrigen Seiten liefen Galerien.«

Der Dürnitzbau, in dem Wilhelm Hauff das Hochzeitsmahl seiner Ro-

Markttreiben rund um das Alte Schloss in Stuttgart:
Im Vordergrund ist der Kapellenflügel, rechts der Dürnitzbau zu sehen.

Die Eingangsseite des Alten Schlosses am Schillerplatz

manfiguren Marie von Lichtenstein und Georg von Sturmfeder ansiedelt, ist der älteste heute noch erhaltene Teil des Alten Schlosses in Stuttgart. Der mächtige, rund 60 x 25 Meter Grundfläche umfassende südliche Trakt der Anlage wurde im zweiten Viertel des 14. Jahrhunderts erbaut und seinerzeit durch eine fast vier Meter dicke Ringmauer geschützt. Die Dürnitz, die große, zweischiffige, für den Flügel namensgebende Halle, diente als Versammlungsort und Speisesaal und nahm das gesamte Erdgeschoss des Gebäudes ein.

Bereits im 10. Jahrhundert war zum Schutz des Stutengartens, dem das verlässlich 1229 erstmals urkundlich erwähnte Stuttgart seinen Namen verdankt, im Zentrum der heutigen Innenstadt eine Wasserburg errichtet worden. Nachdem 1311 der »Wirtemberg«, die Stammburg des Hauses

Württemberg, zerstört worden war, verlegte Graf Eberhard I. der Erlauchte sowohl den Wohnsitz als auch die Grablege der Familie nach Stuttgart, wo er anstelle der alten Wasserburg um 1300 eine neue Burg errichten ließ, über deren Ausstattung im 14. Jahrhundert ansonsten wenig bekannt ist.

Erst im Zusammenhang mit der Beisetzung von Graf Eberhard III. dem Milden im Jahre 1417 erfahren wir etwas mehr über die damaligen Innenräume der Burg: Über der bereits erwähnten Dürnitz befanden sich seinerzeit sowohl die Wohnräume der Gräfin und des Grafen als auch eine Ritterstube und mehrere Schlafgemächer, in denen ein Teil der Trauergäste untergebracht war. Außerdem verfügte die Anlage wohl über mehrere Küchen, die sich vermutlich in einem Nebengebäude befanden.

Die markanten Arkadengänge im Innenhof

Die Stuttgarter Burg, die zur Unterscheidung vom Neuen Schloss als Altes Schloss bezeichnet wird, verdankt ihr heutiges Erscheinungsbild ganz wesentlich Herzog Christoph von Württemberg. In seinem Auftrag wurde die mittelalterliche Burg Mitte des 16. Jahrhunderts durch den Architekten Aberlin Tretsch und den Steinmetz Blasius Berwart zu einem repräsentativen Renaissance-Schloss ausgebaut, wobei vermutlich auch Planungsideen des im Bauwesen bewanderten Herzogs eingeflossen sind.

Zwischen 1553 und 1562 entstand unter Einbeziehung des alten Dürnitzbaus eine eindrucksvolle Vierflügelanlage. Der Dürnitzbau wurde erhöht und beherbergte die neuen Wohnräume der herzoglichen Familie sowie einen großen Rittersaal, der über eine so genannte »Reitschnegge«, also eine

Reitrampe, vom Hof aus hoch zu Ross erreicht werden konnte. An der zum heutigen Karlsplatz gelegenen Außenseite des Dürnitzbaus wurde 1558 der Archivbau mit einer Dachterrasse angefügt.

Im Nordosten wurde der Küchentrakt an die Dürnitz angebaut. Dieser enthielt im Erdgeschoss die Küche, das Bad von Herzog Christoph und einen Heizraum, in dem das Wasser erwärmt wurde. Die Küche verfügte über zwei mächtige, 24 Meter hohe Kamine, die den »Planieflügel« leicht überragten und seine Fassade bis zu ihrem Abriss 1820 prägten.

Im gegenüberliegenden Flügel, der entlang der heutigen Dorotheenstraße verläuft, ließ Herzog Christoph die Schlosskapelle einrichten. Bereits sein Vater Herzog Ulrich hatte 1534 die Reformation eingeleitet, deren

Das Alte Schloss beherbergt heute die Ausstellungsräume des Landesmuseums Württemberg.

konsequente Umsetzung jedoch dem Sohn vorbehalten blieb. Während man bisher katholische Kirchen für den protestantischen Gottesdienst genutzt hatte, sollte nun im Stuttgarter Schloss erstmals eine Kapelle entstehen, deren räumliche Gestaltung sich ausschließlich an den Gegebenheiten des protestantischen Ritus orientierte. Dieses Vorhaben lag dem engagierten und tatkräftigen Herzog besonders am Herzen, weshalb er vermutlich den Rat seines Reformators Johannes Brenz einholte.

Dabei dachte Christoph jedoch nicht daran, hier eine Grablege für seine Familie einzurichten, denn die Hauptgrablege des Hauses Württemberg befand sich zu jener Zeit in der Stuttgarter Stiftskirche. Erst rund dreihundert Jahre später ließ König Karl von Württemberg unter der Hofkapelle

eine Gruft anlegen, in der unter anderem er selbst, seine Gemahlin Olga Nikolajewna und Wera Konstantinowna, die Adoptivtochter des Königspaares, beigesetzt wurden.

Das vierflügelige Renaissance-Schloss fand im Nordwesten, gegenüber der Dürnitz, seinen Abschluss in einem dreistockigen Trakt, der zum heutigen Schillerplatz liegt, wo 1839 das imposante Schiller-Denkmal enthüllt wurde. Durch diesen Trakt führt bis heute der Haupteingang, ein relativ niedriges, rundbogiges Tor, in den inneren Schlosshof.

Ein weiteres Tor befand sich am Küchenflügel, wo eine Zugbrücke über den Schlossgraben in den Lustgarten führte, den Herzog Christoph im Zusammenhang mit dem Ausbau des Schlosses anstelle eines älteren Gartens hatte anlegen lassen.

Steinerne Gedenktafel zur Erinnerung an den Bau und die Restaurierung der Schloss-kirche neben dem Eingang zur Fürstenloge

Obwohl die Ringmauer aus dem 14. Jahrhundert im Zuge der Neuge-staltung Mitte des 16. Jahrhunderts abgerissen wurde, behielt die Anlage durch den Schlossgraben, der sie um-gab und erst 1777 zugeschüttet wurde, im äußeren Erscheinungsbild weiterhin ihren wehrhaften Charakter.

Ein ganz anderes Bild vermittelte da-gegen der fast rechteckige, rund 25 x 40 Meter große Innenhof, der mit seinen eigenwilligen, dreigeschossigen Arka-dengängen als »Glanzstück der Re-naissancebaukunst« gilt, wenngleich es sich hierbei eher um eine unortho-doxe Mischung antikisierender For-men, die sich an der italienischen Re-naissance orientieren, und Elementen des schwäbischen Spätbarocks handelt. Kannelierte Säulen mit Kapitellen, die nur bedingt den antiken Vorbildern entsprechen, tragen die Arkadenbögen der Laubengänge mit ihrem Kreuzrip-pengewölbe.

Die Gestaltung des Arkadenhofs mag zwar nicht den »Gesetzen« der damaligen Architekturtheorie entspre-chen, ist aber ein wunderbar originelles Zeugnis der Baukunst des 16. Jahr-hunderts. Gleichzeitig belegen die Wendeltreppen, die die verschiedenen Stockwerke in den Hofecken mitein-ander verbinden, einen feinen Sinn für Humor: Dort fand sich »hie und da ein lustiges Bildwerk«, darunter auch die Figur des Küchenmeisters Georg Millar.

Die Arkadengänge dienten jedoch nicht nur als gestalterisches Element, sondern erfüllten auch praktische Funktionen: Zum einen konnte man auf diesem Weg alle Schlossräume errei-chen, zum anderen wurden die Gänge auch als Zuschauertribünen genutzt, wenn im Schlosshof Empfänge und andere Festlichkeiten stattfanden.

Erst nach Herzog Christophs Tod 1568 erhielt das Schloss seine bis heute charakteristischen Rundtürme an den Ecken im Westen, Süden und Osten, die aus statischen Gründen notwendig geworden waren.

Ansonsten zeigte Herzog Christophs Sohn und Nachfolger Ludwig nur wenig Interesse an der weiteren Ausgestaltung des Schlosses. Seine baulichen Aktivitäten konzentrierten sich insbesondere auf den heutigen Schlossgarten, den damaligen Tiergarten, den er zu einem prächtigen Renaissance-Park mit Grotten, Wasserspielen, Turnierplätzen, Fasanerie und Orangerie umgestalten ließ. Das imposanteste Gebäude dieser Anlage war jedoch das Lusthaus, das der berühmte Renaissance-Baumeister Georg Beer, der seit 1575 im Dienst des Herzogs stand, zwischen 1580 und 1593 im Schlosspark schuf. Beer hatte bei diesem Bauvorhaben einen jungen Gehilfen zur Hand – Heinrich Schickhardt, der in den folgenden Jahren zu einem der bekanntesten Baumeister in Württemberg aufsteigen sollte.

Heute künden nur noch wenige bescheidene Reste im Mittleren Schlossgarten von Herzog Ludwigs Lusthaus, an dessen Stelle sich heute das Kunstgebäude befindet. Immerhin konnten die Sandsteinbüsten aus dem Lusthaus weitgehend gerettet werden. Graf Wilhelm von Württemberg, der spätere Herzog von Urach und Bauherr von Schloss Lichtenstein, ließ sie auf sein Schloss bringen, wo sie nach wie vor zu bewundern sind.

Reiterstatue Graf Eberhards im Bart im Innenhof des Alten Schlosses

Im 18. Jahrhundert konnte das Alte Schloss den gestiegenen Repräsentationsansprüchen des Barock nicht mehr genügen, weshalb sich Herzog Eberhard Ludwig ab 1704 eine neue Residenzstadt mit einem prächtigen Barockschloss bauen ließ: Ludwigsburg. Für diese Entscheidung mit ausschlaggebend war wohl auch seine Beziehung zu Wilhelmine von Grävenitz, mit der er sich nun ungestört in Ludwigsburg vergnügen konnte, während seine ungeliebte Ehefrau Johanna Elisabeth von Baden-Durlach fast 25 einsame Jahre im Stuttgarter Schloss verbrachte.

Unter Eberhard Ludwigs Nachfolger Carl Alexander wurde das Renaissance-Schloss nochmals für einige Jahre als Residenz genutzt. Da der neue Herzog als junger Mann zur katholischen Konfession konvertiert war, veranlasste er die Einrichtung einer katholischen Kapelle im Südturm. Unter seinem Sohn und Nachfolger Carl Eugen entstand 1775 im zweiten Stock des nordwestlichen Flügels eine neue katholische Kapelle, die jedoch 1929 abgebrochen wurde.

Ansonsten nutzte Carl Eugen das Stuttgarter Schloss nur selten. Bereits 1746, zwei Jahre nach seinem Regierungsantritt, begann er mit dem Bau des Neuen Schlosses, verlegte dann jedoch noch vor dessen Fertigstellung 1764 bis 1775 seine Residenz nach Ludwigsburg.

Herzog Carl Eugen war der letzte württembergische Herrscher, der – wenn auch nur zeitweise – das Alte Schloss in Stuttgart bewohnte. Gleichwohl erfolgten unter König Karl nochmals einige bauliche Tätigkeiten. Ab 1864 ließ er die Schlosskapelle, die zuletzt als Hofapotheke gedient hatte, im neugotischen Stil wiederherstellen und 1865 das Reiterstandbild Graf Eberhards im Bart im Arkadenhof aufstellen.

Bereits 1899 erfuhr das Alte Schloss durch die Unterbringung des Armeemuseums in der Dürnitz eine erste museale Nutzung. Seit 1969 beherbergt es das Landesmuseum Württemberg, das 1862 von König Wilhelm I. als »Sammlung vaterländischer Altertümer« gegründet worden war. Dieses präsentiert eine umfangreiche Sammlung, die sich insbesondere mit der Landesgeschichte befasst.

Vor der Einrichtung des Landesmuseums musste das Schloss jedoch noch zwei verheerende Brände erleben.

Zunächst wurden im Dezember 1931 der Dürnitzbau und seine beiden Ecktürme weitgehend ein Raub der Flammen. Neben staatlichen Zuwendungen und dem Erlös aus der Gebäudebrandversicherung ermöglichte vor allem eine groß angelegte Spendenaktion den Wiederaufbau des ausgebrannten Schlossflügels. Der Auftrag für dieses Projekt wurde dem Architekten Paul Schmitthenner, Professor an der Technischen Hochschule Stuttgart, übertragen, der allerdings keine originalgetreue Rekonstruktion anstrebte, was ihm von einigen Seiten harsche Kritik einbrachte.

Der Wiederaufbau war noch nicht abgeschlossen, als ein Bombenangriff 1944 das Schloss erneut in Brand setzte und schwer beschädigte.

Obwohl während des Zweiten Weltkriegs rund drei Viertel der Stuttgarter Innenstadt zerstört worden waren und etliche Stimmen den Abriss des Schlosses forderten, entschloss man sich abermals zum Wiederaufbau des ausgebrannten Gebäudes. Die Leitung wurde wiederum Paul Schmitthenner übertragen, dessen Pläne erneut keine originalgetreue Wiederherstellung vorsahen. Vielmehr sollte die Innenraumgestaltung den Erfordernissen eines modernen Museums Rechnung tragen, das äußere Erscheinungsbild jedoch weitgehend der alten Form entsprechen. Und so zeigt das Gebäude, das 1946 bis 1962 unter teilweiser Einbeziehung der alten noch vorhandenen Bausubstanz wieder errichtet wurde, heute aufs Neue seine ursprüngliche Renaissance-Silhouette.

Das Neue Schloss – das letzte »Versailles« Europas

*E*ine »standesgemäße, Seiner fürstlichen Dignität convenable und dem Umfang Dero Hofstaats hinlängliche Wohnung« forderte der württembergische Herzog Carl Eugen bei seinem Regierungsantritt 1744 von der Ständevertretung und der Stadt. Im Gegenzug, so sein Versprechen, würde er die Residenz endgültig nach Stuttgart zurückverlegen.

Der 16-jährige Herzog dachte dabei nicht etwa an eine Modernisierung des Alten Schlosses, sondern an einen gewaltigen Neubau nach dem Vorbild von Versailles, ein Vorhaben, das die bescheidenen finanziellen Möglichkeiten des Landes bei weitem überstieg. Zumal in den vergangenen Jahrzehnten enorme Summen in den Bau der Ludwigsburger Schlösser geflossen waren. Allerdings war das Interesse, den Hofstaat dauerhaft in Stuttgart zu halten, so groß, dass Carl Eugens Forderung schließlich – sozusagen zähneknirschend – akzeptiert wurde.

Unweit des Alten Schlosses, im Zentrum der heutigen Stuttgarter Innenstadt, entstand ab 1746 dem

Der belebte Schlossplatz mit der Jubiläumssäule und dem Neuen Schloss

herzoglichen Wunsch entsprechend ein enormer Schlossneubau, ein Vorhaben, das sich sehr lange hinziehen sollte. Dabei war das Neue Schloss eine der letzten großen Residenzanlagen in Deutschland, die im Stil des Barock errichtet wurde, der sich Mitte des 18. Jahrhunderts bereits weitgehend überlebt hatte.

Unter den zahlreichen Architekten, die ihre Entwürfe für das gigantische Stuttgarter Bauvorhaben einreichten, war auch der berühmte Barockbaumeister Balthasar Neumann, dessen Name bis heute aufs Engste mit der Würzburger Residenz verknüpft ist. Allerdings empfand sogar Carl Eugen, der ja nun nicht unbedingt ein Vorbild an Bescheidenheit war, seine Pläne als überdimensioniert. Vor allem aber kamen sie viel zu spät, erst 1747, ein gutes

Das Neue Schloss in Stuttgart wurde als eine der letzten großen Residenzanlagen im Stil des Barock konzipiert.

Ehrenhof und Haupteingang des Neuen Schlosses im Nordwesten der Anlage

Jahr nach der Grundsteinlegung zum Bau der neuen Stuttgarter Residenz.

Carl Eugen hatte bereits den Baumeister Leopold Matteo Retti, einen Neffen von Donato Giovanni Frisoni, der am Bau des Ludwigsburger Schlosses federführend beteiligt gewesen war, mit der Planung seines neuen Stuttgarter Schlosses beauftragt. Rettis Entwürfe orientierten sich vor allem an der Architektur des Schlosses von Versailles, das zum Vorbild der Barockschlösser ganz Europas geworden war.

Unter Leopold Matteo Rettis Leitung, der eine Dreiflügelanlage in Hufeisenform, die sich um einen Ehrenhof gruppieren sollte, geplant hatte, konnten jedoch nur der Gartenflügel und das Corps de Logis errichtet werden, ehe er 1751 unerwartet starb.

Nach seinem Tod wurde der Pariser Architekt Philippe de La Guêpière, der später auch auf der Solitude tätig sein sollte, nach Stuttgart berufen, wo er 1752 die Bauleitung am Neuen Schloss übernahm. Die ursprünglich geplante Dreiflügelanlage bestand zu jenem Zeitpunkt lediglich aus zwei Teilen: dem Gartenflügel im Nordosten und dem Corps de Logis in der Mitte. Retti hatte zwar noch mit dem Bau des zum Alten Schloss hin gelegenen Stadtflügels begonnen, konnte vor seinem plötzlichen Tod jedoch nur die Fundamente ausführen. Seine Vollendung erfolgte nun nach den Plänen des neuen Architekten La Guêpière, der den Rohbau 1756 fertig stellte. Gleichzeitig nahm er die Innenraumgestaltung des Gartenflügels in Angriff, wo die Wohnungen des jungen Herzogspaares eingerichtet wurden.

Die Ehe von Carl Eugen und Elisabeth Friederike Sophie von Brandenburg-Bayreuth war wohl bereits zu dieser Zeit reichlich zerrüttet, gleich-

Der prächtige Marmorsaal wurde nach dem Zweiten Weltkrieg wiederhergestellt.

wohl lebten die Eheleute nach wie vor zumindest formal zusammen. Der Herzog zeigte sein allzu persönliches Interesse an jungen Künstlerinnen ganz ungeniert und versuchte noch nicht einmal, die zahlreichen illegitimen Nachkommen, die seinen amourösen Eskapaden entstammten, zu verbergen. Schließlich hatte die Herzogin von den ständigen Demütigungen genug und zog sich 1756 nach Bayreuth zurück, wo sie bis zu ihrem Tod 1780 lebte.

Derweil widmete sich der untreue Gatte, der offensichtlich keinerlei Versuch unternahm, seine Gemahlin zurückzugewinnen, weiterhin seinen damaligen Hauptinteressen: den jungen Künstlerinnen und seinem pompösen Schlossbauprojekt in Stuttgart.

Letzteres stand im November 1762 kurz vor der Vollendung, als ein Feuer den fast schon bezugsfertigen Bau beschädigte. Dabei brannte der Gar-

tenflügel vollkommen aus und auch das Corps de Logis wurde in Mitleidenschaft gezogen. Gleichwohl wurde die Inneneinrichtung des Stadtflügels, der durch den Brand keinen Schaden davongetragen hatte, in den folgenden Monaten vollendet, sodass der Herzog dort am 11. Februar 1763 seinen 35. Geburtstag standesgemäß feiern konnte.

Danach verlor Carl Eugen das Interesse am Neuen Schloss und wandte seine Aufmerksamkeit dem Bau von Schloss Solitude zu, wo bereits 1763 die Grundsteinlegung stattfand. Und nachdem ihn zudem die Landstände, zu denen er aufgrund seines aufwändigen Lebensstils schon lange ein mehr als angespanntes Verhältnis hatte, bei der Reichshofkammer in Wien verklagten, verlegte er die Residenz – entgegen seines früheren Versprechens – 1764 wieder nach Ludwigsburg.

Die repräsentative Haupttreppe im prächtigen Corps de Logis

Trotz einiger kleinerer Bautätigkeiten blieb das Neue Schloss in den folgenden Jahren eine Bauruine. Carl Eugen residierte in Ludwigsburg, wo er sich ein Appartement im Stil des späten Rokoko einrichten ließ. Sein Hofbaumeister La Guêpière arbeitete derweil vor allem am Bau von Schloss Solitude, bis er – mit einer stattlichen Rente versehen – 1768 nach Paris zurückkehrte.

Erst nachdem Carl Eugen die Residenz 1775 erneut nach Stuttgart zurückverlegt hatte, fanden wieder nennenswerte bauliche Aktivitäten am Neuen Schloss statt. 1782 ließ er anlässlich des Besuchs des russischen Großfürsten Paul und seiner Gemahlin Maria Fjodorowna, einer Nichte des Herzogs, den Marmorsaal im Corps de Logis fertig stellen. Sein neuer Hofarchitekt war nun Reinhard Ferdinand Heinrich Fischer, ein Schüler von La Guêpière, mit dem er bereits auf der

Solitude zusammengearbeitet hatte. Zugleich war Fischer eine Folge der herzoglichen Amouren, ein unehelicher Sohn Carl Eugens, zu dessen Gunsten man in diesem Zusammenhang sagen muss, dass er sich im Allgemeinen immerhin um die Versorgung und das Auskommen seiner illegitimen Nachkommenschaft kümmerte. Unter Fischer erfolgten zwar weitere Bautätigkeiten am Neuen Schloss, die im Stil des Spätklassizismus ausgeführt wurden, allerdings kam es dabei nur zu einer teilweisen Instandsetzung des maroden Gebäudes.

Als Carl Eugen 1793 starb, war das Neue Schloss noch immer nicht vollendet, obgleich seine Grundsteinlegung mehr als 45 Jahre zurücklag. Seinem Bruder und Nachfolger Friedrich Eugen, der nur zwei Jahre lang regierender Herzog war, blieb zwangsläufig nur kurze Zeit für die weitere Ausge-

äußere Erscheinungsbild einer barocken Dreiflügelanlage nach Versailler Vorbild entsprach.

König Wilhelm I. und sein Nachfolger König Karl bewohnten das Neue Schloss und nahmen im 19. Jahrhundert einige Veränderungen an seinen Innenräumen vor. So beauftragte Wilhelm I. den Maler Joseph Anton Gegenbauer mit der Gestaltung von Wandmalereien, die Begebenheiten aus der württembergischen Geschichte zum Inhalt hatten. Darunter war auch die 1423 erfolgte Festnahme des hohenzollerischen Grafen Friedrich der Oettinger durch Gräfin Henriette von Württemberg – nicht besonders schmeichelhaft für das Haus Hohenzollern. Daher pflegte Wilhelm II. von Württemberg das Wandgemälde hinter einem Lorbeer zu verbergen, wenn sein hohenzollerischer Namensvetter Kaiser Wilhelm II. im Neuen Schloss zu Besuch weilte. Einmal soll er sich allerdings derart über den Kaiser geärgert haben, dass er befahl: »Der Lorbeer bleibt weg!«

Der bürgerlich bescheiden lebende König Wilhelm II. nutzte das Neue Schloss nur gelegentlich, wenn dies aus Repräsentationsgründen notwendig war, und bevorzugte ansonsten das eher beschauliche Wilhelmspalais als Wohnsitz.

Mit dem Ende der Monarchie fiel das Neue Schloss in Staatsbesitz und wurde zunächst als Museum genutzt. Gleichwohl blieb dem ehemaligen königlichen Ministerpräsidenten Karl von Weizsäcker, den Wilhelm II. 1916 in den Freiherrnstand erhoben hatte, eine Mansarde im Schloss als Wohnmöglichkeit erhalten. Dort wurde der

staltung des Schlosses, sodass für diesen Zeitraum keine bedeutenden baulichen Aktivitäten bekannt sind.

Erst unter Friedrich Eugens Sohn Herzog Friedrich II., der 1803 zum Kurfürsten und 1806 zu König Friedrich I. erhoben worden war, sollte das Schloss – nach rund 50 Jahren Bautätigkeit – vollendet werden. Nachdem der frisch gekürte König Stuttgart zur Hauptstadt des neuen Königreiches erklärt hatte, konnte sein Hofarchitekt Nikolaus Friedrich von Thouret das Gebäude 1807 fertig stellen. Natürlich hatte sich im Verlauf der langen Bautätigkeit der architektonische Geschmack gewandelt, sodass König Friedrich bei seinem Tod 1816 ein Schloss hinterließ, dessen Innenräume im Stil von Barock, Rokoko und Klassizismus gestaltet waren, während das

Im Oberen Schlossgarten: Die Gartenseite des illuminierten Neuen Schlosses spiegelt sich malerisch im nächtlichen Eckensee.

spätere Bundespräsident Richard von Weizsäcker am 15. April 1920 geboren.

Im Zweiten Weltkrieg wurden über 300 000 Fliegerbomben über Stuttgart abgeworfen, die etwa drei Viertel der Innenstadt zerstörten. Natürlich blieben dabei auch die historischen Gebäude der Stadt nicht verschont. Zahlreiche Schlösser wurden ein Raub der Flammen und nach dem Krieg endgültig abgebrochen. Im Falle des Neuen Schlosses entbrannte jedoch zunächst ein Streit darüber, wie das riesige Gebäude, sollte es denn wieder errichtet werden, sinnvoll genutzt werden könnte. Die Ideen reichten von der Einrichtung eines Kurhotels bis zur Unterbringung der Bundesregierung. Das Bauwerk wurde schließlich zwischen 1958 und 1964 wieder aufgebaut, wobei allerdings nur ein Teil der In-

nenräume originalgetreu rekonstruiert wurde. Heute sind Ministerien der baden-württembergischen Landesverwaltung im Neuen Schloss untergebracht, das von der Landesregierung auch zu Repräsentationszwecken genutzt wird. In den Kellergewölben fand das Römische Lapidarium seine Heimat, eine Sammlung römischer Steindenkmäler aus dem 1. bis 3. Jahrhundert nach Christus, die in Württemberg gefunden wurden.

Neben den Repräsentationsräumen im Corps de Logis wurde der Weiße Saal mit der Aeneasgalerie im Stadtflügel rekonstruiert. Mit seinen rund 400 Sitzplätzen bietet er heute den adäquaten Rahmen für öffentliche Veranstaltungen, wie zum Beispiel die Kammerkonzerte des SWR Radio-Sinfonieorchesters Stuttgart.

Schloss Solitude – *fern der Welt*

»*L*oca haec tranquillitati sacra voluit Carolus«, verkündet eine Inschrift am Portal der Schlossdurchfahrt der Solitude. Zu Deutsch: Diesen Ort weihte Carl der heiligen Ruhe. Das verweist auf die Intention des Bauherren Herzog Carl Eugen von Württemberg, der sich hier »fern vom Getümmel und den Enttäuschungen der Welt« ein Refugium, also einen Zufluchtsort, schaffen wollte. Dementsprechend wählte er den Namen seines neuen Schlosses: La Solitude, die Einsamkeit.

Wie viele Herrscher seiner Zeit suchte Carl Eugen fern der höfischen Etikette einen Rückzugsort, an dem er sich sozusagen als Privatmann erholen konnte. Vor allem fern der Ständevertretung, die in Württemberg relativ stark war und ihn immer wieder wegen seiner enormen Prachtentfaltung und den damit verbundenen Ausgaben kritisierte. Nicht zu Unrecht, denn der Herzog begnügte sich auf die Dauer nicht mit dem Bau eines kleinen Lustschlösschens, sondern ließ sich letztendlich in den folgenden Jahren eine komplette neue Sommerresidenz errichten, während das Neue Schloss in Stuttgart, in das bereits viel Geld

Einst der »Heiligen Ruhe« geweiht, ist Schloss Solitude heute ein beliebtes Ausflugsziel.

Die symmetrische Schlossanlage mit der schnurgeraden Achse nach Ludwigsburg

investiert worden war, vorerst unvollendet blieb, nachdem zuvor schon die Ludwigsburger Residenz enorme Summen verschlungen hatte (und noch verschlang).

Zu allem Überfluss war das neueste Bauprojekt des Herzogs auch insofern recht aufwändig, da zuallererst der Bauplatz eingeebnet und durch neu angelegte Straßen erreichbar gemacht werden musste. Denn der westlich von Stuttgart gelegene Wald, ein altes Jagdgebiet der württembergischen Herrscher, den sich Carl Eugen als

Standort für seine Solitude ausgesucht hatte, musste vor Baubeginn zunächst erschlossen werden.

Vermutlich war der baufreudige Herzog an der Planung des Schlosses, dessen Grundstein 1763 gelegt wurde, beteiligt. Die Pläne arbeitete er wohl anfangs zusammen mit dem Hofmaler Nicolas Guibal und dem Baumeister Johann Friedrich Weyhing aus. Erst später – böse Zungen behaupten, erst, nachdem die drei »Dilettanten« einsahen, dass sie nicht mehr ohne Fachmann weiterkamen – wurde Philippe

Elegant geschwungene Treppen führen zur Beletage.

de La Guêpière, der als Hofarchitekt des Herzogs ja eigentlich von Anfang an der zuständige Baumeister gewesen wäre, auf die Solitude berufen.

Im Zentrum der Anlage steht der Hauptbau, das »herzogliche Schloß«, das vor allem der Repräsentation diente und für Feierlichkeiten genutzt wurde, aber niemals als Wohnmöglichkeit vorgesehen war. So befindet sich dort zwar ein Schlafzimmer, in dem Carl Eugen allerdings – soweit bekannt – nie übernachtet hat. Das Appartement, das er tatsächlich bewohnte, wenn er auf der Solitude weilte, befand sich in einem anderen Gebäude der Schlossanlage.

Der freistehende Hauptbau wurde zweigeschossig angelegt: unten das Sockelgeschoss, in dessen Mitte sich ein Durchgang befindet. Darüber er-

hebt sich die Beletage, die von einer großzügigen Terrasse umgeben wird, deren Brüstung ursprünglich reich mit steinernen Putten und Blumenkörben geschmückt war. Elegant geschwungene Treppen – sowohl auf der Hof- als auch auf der Talseite – verbinden die Terrasse mit dem Schlosshof und dem Garten, wodurch das Hauptgebäude aus der Vogelperspektive wie ein zertretener Käfer mit ausgestreckten Beinen aussieht.

Der ovale Mittelbau der Beletage, dessen Kuppeldach die Seitenflügel deutlich überragt, beherbergt den Weißen Saal, dessen Deckengemälde die Herrschaft Carl Eugens verherrlicht oder – um es mit seinen Augen zu sehen – die Wohlfahrt des Herzogtums Württemberg unter seiner Herrschaft darstellt.

Die meisten Kavaliershäuschen wurden liebevoll restauriert.

1769 wurde der Hauptbau weitgehend fertig gestellt und der Weiße Saal erstmals als Festsaal genutzt.

Die beiden Nebengebäude, der Kavaliersbau im Osten und der Offizienbau im Westen, waren bereits wesentlich früher vollendet worden, um dem Herzog, der den Fortschritt der Arbeiten gerne persönlich verfolgte, und seinem Gefolge schon während der Bauzeit eine Unterkunft auf der Solitude bieten zu können. Die beiden separaten Nebengebäude umfassen den Hauptbau in einem eleganten Schwung und finden ihren baulichen Abschluss im Äußeren durch L-förmige Gebäudeteile.

Im Kavaliersbau, dessen Erdgeschoss heute die Schlossgastronomie beherbergt, befanden sich die Wohnräume Carl Eugens, im Dachgeschoss Unterkünfte für adelige Offiziere.

Eine Besonderheit der württembergischen Geschichte offenbart sich im östlichen Trakt, der sich von außen betrachtet nicht von seinem westlichen Gegenstück unterscheidet. In seinem L-förmigen Abschlussbau ist die katholische Hofkapelle untergebracht. Herzog Carl Eugen regierte zwar ein streng protestantisches Land, war aber selbst katholisch. Daher war die herzogliche Familie verpflichtet, ihre Religionsausübung auf Privatgottesdienste zu beschränken und ihre katholischen Kirchengebäude im Äußeren so zu gestalten, dass sie nicht als solche zu erkennen waren.

Der Offizienbau im Westen beherbergte unter anderem Assemblée-Räume und ein prächtiges Hoftheater für Carl Eugen und seine Gäste. Heute wird das ganze Gebäude von der Aka-

Der repräsentative Weiße Saal im Mittelbau von Schloss Solitude

Während die zwölf Kilometer lange, schnurgerade Achse von der Solitude nach Ludwigsburg noch immer gut zu erkennen ist, lässt sich die einstmals prächtige Gartengestaltung im Stil des Rokoko kaum noch erahnen. Die Gartenanlagen boten zahlreiche Vergnügungsmöglichkeiten für den höfischen Adel. Man unternahm Ausfahrten in der »Wourst«, einem Jagdfahrzeug, zum nahe gelegenen Bärensee, wo man Gondelfahrten mit Orchesterbegleitung genoss, suchte Zerstreuung im Irrgarten und am Lustsee. Neben Musik, Tanz, Theater und exzellenten Tafelgenüssen, sorgten Ausritte, Jagdveranstaltungen, Bälle und Gartenfeste für die Unterhaltung der Hofgesellschaft. In den weitläufigen Gärten gab es unter anderem eine Orangerie, ein »lebendiges Theater«, also ein Gartentheater, wo an milden Sommerabenden Aufführungen stattfanden, ein Reithaus, einen Lorbeersaal, kleine Lusthäuschen, ein Vogelhaus und ein Chinesisches Haus.

demie Schloss Solitude genutzt, einem Zentrum zur Förderung junger Künstler durch das Land Baden-Württemberg. In den modernen Innenräumen, die funktional und nüchtern gehalten sind, wurden Tagungs- und Ausstellungsräume sowie Ateliers und Wohnungen untergebracht.

An diese beiden Gebäudekomplexe schlossen sich im Westen und Osten jeweils zehn Kavaliershäuschen in einem elegant geschwungenen Rundbogen an. Sie dienten nicht nur – wie der Name vermuten lässt – als Unterkunft für adelige Kavaliere, sondern beherbergten auch diverse Küchenräume, den Sommerspeisesaal und das herzogliche Billardzimmer.

Bis 1775 befand sich die von Carl Eugen 1770 gegründete Militärische Pflanzschule, die spätere Hohe Carlsschule auf dem Gelände der Solitude, zu deren Zöglingen auch Friedrich

Schiller gehörte, dessen Vater »Intendant« auf der Solitude war. Zunächst für »brot- und heimatlose Soldatenkinder« gegründet, die – durchaus zum Nutzen des baufreudigen Herzogs – als Gärtner und Stuckateure ausgebildet wurden, entwickelte sich die Militärakademie schnell zu einer für die damalige Zeit ungemein modernen Bildungseinrichtung, die weit über die Grenzen Württembergs hinaus einen guten Ruf genoss.

Die Glanzzeit der Solitude währte allerdings nicht lange, denn bereits 1775 erlahmte das Interesse Carl Eugens an der Anlage. In jenem Jahr verlegte er die Residenz und die Militärakademie nach Stuttgart und nutzte fortan Hohenheim als Sommerresidenz. Die prächtigen Gärten waren alsbald dem Verfall preisgegeben und bereits ab 1788 begann der Abriss der Gartenbauten.

Das Inventar von Schloss Solitude wurde nach und nach in andere württembergische Schlösser gebracht oder versteigert, sodass wir die Räume heute nicht mehr in ihrer originalen Ausstattung bewundern können. Die Kabinette der Beletage, die im Rahmen von Führungen besichtigt werden können, sind nur spärlich möbliert, vermitteln gleichwohl einen Eindruck von der einstigen prächtigen Ausgestaltung.

Bereits 1820 wurden der Kavaliersbau, der Offizienbau und 13 der Kavaliershäuschen zum Verkauf angeboten – als Baumaterial! Glücklicherweise fanden sich kaum Interessenten, sodass die Nebengebäude und die meisten der Kavaliershäuschen erhalten blieben. Seit 1796 – der Bauherr war bereits

Das Palmenzimmer beendet die Raumflucht im Westen der Beletage.

verstorben – nutzte man die Nebengebäude in Kriegszeiten als Lazarett, wo auch Königin Olga während des Deutsch-Französischen Krieges von 1870/71 die »Blessierten« pflegte. Noch während des Zweiten Weltkrieges wurden hier verwundete Soldaten betreut.

Das Hauptgebäude der Solitude war zwar bereits 1827 zur Besichtigung freigegeben worden, wurde aber bis weit ins 20. Jahrhundert hinein nur äußerst notdürftig erhalten. Erst zwischen 1972 und 1983 erfolgte eine umfassende Instandsetzung, durch die wir heute wieder den einstigen Glanz dieses württembergischen Kleinods erleben können.

Schloss Rosenstein – »bequem, gefällig und vornehm«

»Ein Landhaus, bequem, gefällig und vornehm in seiner Außenerscheinung, weshalb es nach allen Seiten freistehend sein soll; zugleich soll es für die Umgebung der Landeshauptstadt eine Zierde sein. Es soll nur ein einziges Stockwerk haben. Die Gemächer sollen nicht zu hoch und nicht zu groß sein. Das Ganze soll einen ebenso reizvollen, wie gefälligen, großzügigen und prächtigen Anblick gewähren. Die kosten sollen 500 000 bis 600 000 fl. Nicht überschreiten.« So lauteten die Planungsvorgaben des württembergischen Königs Wilhelm I., der 1817 zusammen mit seiner zweiten Gemahlin Katharina Pawlowna, einer Tochter von Zar Paul I. von Russland, auf dem »Kahlenstein«, einer Erhebung nordöstlich der Stuttgarter Innenstadt, ein Schloss errichten lassen wollte.

Auf dem damals noch wesentlich kleineren Gelände, das nach Osten hin einen wunderbaren Ausblick ins Neckartal und nach Bad Cannstatt bietet, befand sich bereits ein kleines Palais,

Die reizvolle Eingangsseite von Schloss Rosenstein mit Brunnen und Nymphengruppe.

das der damalige Hofbaumeister Niko-laus Friedrich von Thouret seit 1806 im Auftrag König Friedrichs I. ausgebaut hatte.

Nachdem Friedrich I. im Umfeld des Schlösschens, das Bellevue genannt wurde, weitere Grundstücke erworben hatte, machte er es »Unserer vielgelieb-ten Schwiegertochter, der Kronprinzes-sin Katharina Liebden zur Bezeugung unserer väterlichen Gesinnung« 1816 kurz vor seinem Tod zum Geschenk. Ein Jahr später – der Schwiegervater war mittlerweile gestorben und Katha-rina Königin von Württemberg – über-trug sie das Anwesen ihrem Gatten Kö-nig Wilhelm I.

Das neue Königspaar hielt sich gerne auf dem »Kahlenstein« auf, der 1824 den Namen »Rosenstein« er-hielt, eine Reminiszenz an Katharinas Lieblingsblume, die Rose. Das Bellevue erwies sich allerdings rasch als zu klein und bescheiden für die königlichen Ansprüche. Gleichwohl blieb es auch nach dem Bau des neuen, viel größe-ren Schlosses erhalten. Es sollte zwar 1837 abgebrochen werden, wurde aber schließlich 1843 nach Cannstatt ver-setzt, das damals noch eine eigenstän-dige Stadt war und unter Wilhelm I. zu einer wegen ihrer Mineralquellen ge-schätzten Kurstadt ausgebaut wurde.

Seit 1817 betrieb das Königspaar die abermalige Erweiterung des Gelän-des rund um das Bellevue durch wei-tere Zukäufe. Wilhelm I. erwarb mehr als 500 Felder, Wiesen, Weinberge

Die Skulptur geht auf den Bildhauer Johann Heinrich Dannecker zurück.

Blick von der Säulenhalle ins Naturkundemuseum

und sonstige Grundstücke von rund 400 verschiedenen Besitzern, bis es schließlich 1820 rund hundert Hektar umfasste. Katharina Pawlowna sollte das allerdings nicht mehr erleben. Sie starb bereits 1819 im Alter von nur 31 Jahren. Wilhelm I., der zwar liebende, aber nicht immer treue Gatte, beauftragte seinen Hofbaumeister Giovanni Salucci, ihr auf dem »Wirtemberg«, wo sich die Reste der namensgebenden Stammburg des Hauses Württemberg befanden, eine Grabkapelle zu errichten. Und so schuf Salucci zwischen 1820 und 1824 auf dem zwischen Ober- und Untertürkheim gelegenen Hügel die berühmte klassizistische Grabkapelle auf dem Rotenberg, in der viele Jahre später auch der König beigesetzt wurde.

Giovanni Salucci, nach dessen Plänen sowohl die Grabkapelle als auch Schloss Rosenstein gestaltet wurde, kam 1769 in Florenz zur Welt. Schon als junger Mann musste er aus der Toskana fliehen, da er Kontakte zu revolutionären Kreisen unterhielt. Schließlich führte ihn sein Weg nach Württemberg, wo er 1818 zum Hofbaumeister ernannt wurde.

Bereits während der Arbeiten am Rotenberg beschäftigte er sich mit der Planung des königlichen »Landhauses« auf dem Kahlenstein, ein Projekt, das der König noch zusammen mit seiner verstorbenen Gattin begonnen hatte. Anscheinend war der sparsame Monarch nur schwer zufrieden zu stellen. Salucci musste erst elf Entwürfe liefern, ehe einer davon den Beifall Wilhelms I. fand und schließlich 1824 mit dem Bau begonnen werden konnte.

Den königlichen Vorgaben entsprechend entstand ein einstöckiger Bau, der allerdings dank seiner 96 x 62 Meter großen Grundfläche und aufgrund seiner prächtigen klassizistischen Ausgestaltung nur wenig mit einem Land-

Das noch nicht ganz fertiggestellte Schloss um 1830. Aquarellierte Federzeichnung

haus gemein hat. Dafür zeigt er – wie vom König gewünscht – »einen ebenso reizvollen, wie gefälligen, großzügigen und prächtigen Anblick«.

Die südwestlich gelegene Eingangsseite des Schlosses ist reizvoll gestaltet. Vor dem Haupteingang befindet sich ein großer runder Brunnen, daneben eine Nymphengruppe, eine Wasser- und eine Wiesennymphe, aus weißem Carrara-Marmor, die erst 1982 nach einem Original von Johann Heinrich Dannecker entstand. Danneckers Nymphen-Plastik aus Sandstein befand sich ursprünglich im Stuttgarter Schlossgarten.

Schloss Rosenstein ist nicht ebenerdig, sondern leicht erhöht auf einem Unterbau angelegt, wobei den verschiedenen Portalen Freitreppen vorgelagert sind. Der geometrisch gestaltete Bau umfasst zwei Innenhöfe, zwischen denen sich der Festsaal befindet. Obwohl die ursprüngliche Bemalung seiner ge-

wölbten Decke verloren gegangen ist, hat sich der Saal viel von seiner einstigen Pracht bewahrt, wozu die eleganten Säulen und der Relieffries »Die Jahreszeiten in ländlichen Beschäftigungen« beitragen. Die Innenausstattung der Säle war einst ausgesprochen glanzvoll. Zahlreiche Künstler waren mit den Stuck- und Reliefarbeiten sowie der Ausmalung beschäftigt.

In der östlichen Schlosshälfte waren die Wohnräume von Wilhelm I. und seiner dritten Gemahlin Pauline untergebracht, im westlichen der vier Prinzessinnen, von denen die beiden älteren der Ehe mit Katharina, die beiden jüngeren der Ehe mit Pauline entstammten. Karl, der einzige Sohn des Königspaares, hatte seine Unterkunft im Mezzanin des Saaltraktes.

Der praktisch veranlagte Wilhelm I. ließ im Schloss eine Toilette einbauen, was zu Beginn des 19. Jahrhunderts noch eine Seltenheit war. Die Küche

Löwen »bewachen« den Haupteingang von Schloss Rosenstein.

allerdings war nicht im Schloss selbst, sondern in einem Nebengebäude, dem Offizengebäude, untergebracht.

Das rechteckige Schlossgebäude verfügt nach allen Seiten hin über Portiken, deren zierliche Säulen Gesimse tragen, auf denen Dreiecksgiebel mit plastischen Darstellungen aus der antiken Mythologie ruhen. Dabei sind die mittleren Portiken der Langseiten höher und aufwändiger gestaltet als die der Seitenflügel und der Schmalseiten. Die Stufen des von Säulen getragenen Vorbaus an der Haupteingangsseite sind von zwei großen Löwenplastiken umrahmt, die allerdings keine Originale mehr sind. Einer der ursprünglich aus Bronze gefertigten Löwen verschwand 1848/49, der andere wurde im Zweiten Weltkrieg zerstört.

Die königliche Familie nutzte Schloss Rosenstein allerdings nur selten für längere Aufenthalte, was auch damit zusammenhängen mag, dass der Bau zunächst ein gemeinsames Projekt von Wilhelm I. und seiner 1819 verstorbenen Frau Katharina gewesen war. Zudem soll angeblich die Prophezeiung, er werde auf dem Rosenstein sterben, den Monarchen von dort ferngehalten haben.

Nachdem Wilhelm I. 1864 im Alter von 82 Jahren – auf Schloss Rosenstein! – gestorben war, hielt sich auch sein Nachfolger König Karl nur selten für längere Zeit auf dem Schloss auf, das er allerdings – wie zuvor schon sein Vater – gerne als Veranstaltungsort für Feierlichkeiten nutzte.

Karl machte die Gemäldesammlung seines Vaters, die sich auf dem Rosenstein befand, teilweise für die Öffentlichkeit zugänglich. Das Schloss als solches wurde jedoch erst nach dem Ersten Weltkrieg für Besucher geöffnet. Schwere Luftangriffe beschä-

Ein kleiner Rosengarten, der ehemalige Karlsgarten, grenzt an die Ostseite des Schlosses an.

Den Rosengarten schmücken zahlreiche Skulpturen aus dem 19. Jahrhundert.

anlage mit Rosengarten und altem Baumbestand. Die Stuttgarter Schlossgärten verbinden ihn mit den innerstädtischen Schlossanlagen, sodass die baden-württembergische Hauptstadt über ein großzügiges, zentrumsnahes und grünes Erholungsgebiet verfügt.

König Wilhelm I. ließ den Rosensteiner Park, der mit seinen rund hundert Hektar fast doppelt so groß war wie heute, ab 1822 als Landschaftsgarten gestalten. Weite Teile davon dienten allerdings praktischen Zwecken, nämlich der Züchtung des »Rosensteiner Vieh«, eines der zahlreichen Projekte, mit denen der Monarch zur Verbesserung der Landwirtschaft in Württemberg beitragen wollte.

Die rasante technische Entwicklung des 19. Jahrhunderts machte auch vor Schloss Rosenstein nicht halt. Seit 1845/46 führt ein Tunnel der damals neuen Eisenbahnverbindung Stuttgart–Cannstatt durch den Rosensteinhügel. Der Tunnelmund wurde direkt unterhalb des nördlichen mittleren Portikus in der Mittelachse des Schlosses gebaut und betont damit zusätzlich die strenge symmetrische Gestaltung des Rosensteins. An der nordöstlichen Ecke des Parks ließ Wilhelm I. die nach ihm benannte Wilhelma anlegen. Die Parkanlage mit orientalisierenden Gebäuden war dem »maurischen« Stil nachempfunden und als privater Rückzugsort des Monarchen gedacht.

König Karl veranlasste nach dem Tod seines Vaters die Öffnung der Wilhelma, die allerdings erst nach 1918 als botanischer und seit dem Zweiten Weltkrieg als botanisch-zoologischer Garten eingerichtet wurde.

digten dann im Zweiten Weltkrieg den Rosenstein. Die ausgebrannten Räume wurden anschließend nicht originalgetreu wiederhergestellt, sondern den Bedürfnissen eines Naturkundemuseums entsprechend überwiegend funktional und modern gestaltet. Sie beherbergen seit 1954 das Staatliche Museum für Naturkunde Schloss Rosenstein, das anschaulich die Entwicklung des Menschen, der Tiere und der Pflanzen darstellt.

Der Rosensteinpark, der das Schloss umgibt, hat zwar seine einstige Größe und Gestaltung eingebüßt, ist jedoch nach wie vor eine herrliche Grün-

Palm'sches Schloss – *freiherrlicher Wohnsitz*

Im äußersten Nordosten Stuttgarts führt der »4-Burgen-Rundwanderweg« entlang des Max-Eyth-Sees und über fruchtbare Weinhänge zu den erstaunlich zahlreich vorhandenen baulichen Hinterlassenschaften aus der Vergangenheit des heutigen Stadtbezirks Mühlhausen. Der Weg führt auch in die Ortschaft Mühlhausen selbst, die für den Stadtbezirk namensgebend war und 1933 nach Stuttgart eingemeindet wurde. Dort befindet sich unterhalb der Engelburg, einer Ruine aus dem 13. Jahrhundert, das leuchtend gelb gestrichene Palm'sche Schloss.

1728 erwarb die Familie von Palm das vermutlich erstmals 708 erwähnte Dorf und das dortige alte Rittergut, auf dessen Fundamenten Freiherr Jonathan von Palm 1813 für sich und seine Familie ein Schloss im Stil des Klassizismus errichten ließ. Der palmsche Wohnsitz in Mühlhausen erlebte in der Folgezeit verschiedene Umbauten,

Das Schloss der Freiherren von Palm in Mühlhausen wurde 1813 errichtet.

wobei vor allem die 1895 angefügten Gebäudeteile erwähnenswert sind. Das relativ bescheidene Schlösschen, das im Grunde nur ein gehobenes Wohnhaus für eine aus dem Bürgertum in den Adel aufgestiegene Familie war, zeigt deutlich verschiedene Bauperioden und Baustile sowie die Anfügung späterer Bauteile. Dadurch wirkt das dennoch charmante Gebäude etwas »zusammengesetzt«.

In der ersten Hälfte des 19. Jahrhunderts wurde der große Garten um das Schloss neu gestaltet. In der Art eines Englischen Landschaftsgartens entstand ein großer Park mit Gartenhäusern und einem Lusthaus, Wiesen, Wäldern und Obstbäumen. 1927 verließ die freiherrliche Familie von Palm Mühlhausen und verkaufte ihr dortiges Schloss wenige Jahre später an die Stadt Stuttgart, die es zunächst als Kinderheim nutzte. Auch Mühlhausen blieb nicht vor den schweren Luftangriffen auf Stuttgart verschont und musste die Zerstörung weiter Teile des Schlosses und dessen Parks erleben. Nach dem Zweiten Weltkrieg diente das Gebäude als Unterkunft für die ausgebombten Bewohner des Ortes und für Heimatvertriebene aus dem Osten. Der nördliche Flügel des ehemaligen Palm'schen Schlosses konnte bereits 1950 wieder errichtet werden.

Der Sitzungssaal des Bezirksrathauses im Palm'schen Schloss

Der Löwenbrunnen im ehemaligen Englischen Landschaftsgarten des Schlosses

Im selben Jahr wurde der Schlossgarten wieder für die Öffentlichkeit zugänglich gemacht. Von seinem alten Bestand ist heute allerdings fast nichts mehr übrig. Lediglich eine Buche aus der Zeit der Freiherren von Palm und ein Ziehbrunnen mit sehr hohem, spitzem Dach aus dem Jahre 1735 erinnern noch an die große Zeit von Schloss und Park.

Zu Beginn der 80er-Jahre des vergangenen Jahrhunderts wollte die Stadt Stuttgart das einstige Palm'sche Schlösschen, das bereits 1971 unter Denkmalschutz gestellt worden war, verkaufen. Dass es nicht so weit kam, ist ganz wesentlich dem bürgerschaftlichen Engagement der Mühlhauser Bürger und ihrer Vereine zu verdanken. Es folgten aufwändige Instandsetzungsarbeiten, bevor 1990 das Bezirks-

rathaus im Schloss einziehen konnte. Dieses dient heute auch als Veranstaltungsort für Empfänge und Feierlichkeiten.

Eine besondere Rolle in der Geschichte von Mühlhausen nimmt der Ortsteil Hofen ein. Im dortigen Schloss, in dem sich heute Eigentumswohnungen befinden, ließ Herzog Carl Eugen von Württemberg, der katholische Herrscher eines streng protestantischen Landes, 1779 ein katholisches Militärwaisenhaus einrichten.

Bis Anfang des 19. Jahrhunderts blieb Hofen der katholischen Konfession treu – als einziger Stadtteil von Stuttgart. Daher begaben sich die Stuttgarter Katholiken sonntags zum Gottesdienst nach Hofen, eine Praxis, die in »konfessionellen Grenzgebieten« durchaus nicht unüblich war.

Schloss Hohenheim – »ländliche Simplizität«

Im Süden Stuttgarts, im Stadtteil Hohenheim auf den Fildern befindet sich inmitten einer großzügigen Gartenanlage das weitläufige Schloss Hohenheim, das letzte große Schlossbauprojekt Herzog Carl Eugens von Württemberg.

Hohenheim war im Mittelalter der Stammsitz der Bombaste von Hohenheim, eines altschwäbischen Adelsgeschlechts, dessen berühmtestes Familienmitglied Philippus Aureolus Theophrastus Bombastus von Hohenheim zu Beginn des 16. Jahrhunderts als Arzt, Naturforscher und Philosoph tätig war. Von seinen Zeitgenossen wurde er allerdings nur wenig geschätzt. Erst

lange nach seinem Tod wurden seine Verdienste um die Erneuerung der Medizin anerkannt und heute ist er unter seinem Humanistennamen Paracelsus weithin bekannt.

Erst 1768 fiel das Landgut, das zwischenzeitlich mehrfach den Besitzer gewechselt hatte, an das Haus Württemberg. Drei Jahre später machte Carl Eugen den »Garbenhof« – wie das Anwesen seinerzeit genannt wurde – seiner damaligen »Maîtresse en titre«, der Stuttgarter Sängerin Caterina Bonafini, mit der er einen Sohn hatte, zum Geschenk. Die »Demoiselle« erhielt das Gut allerdings nicht als Eigentum, sondern nur »in so lange als

Der Mittelteil des Hauptbaus von Schloss Hohenheim mit Flachkuppeldach und Altan

Die Hohenheimer Anlage ist 520 Meter breit und streng geometrisch gehalten.

Seine Herzogliche Durchlaucht sie bey sich zu behalten vor gut finden«. Die Freude an diesem Geschenk währte nicht lange, denn bereits 1772 verlor Caterina Bonafini sowohl die Gunst des Herzogs als auch den Garbenhof. Der Herzog hatte eine neue Favoritin gewählt: Franziska von Leutrum.

Zum festen Bestandteil der württembergischen Folklore gehört die Geschichte von der »tugendsamen Mätresse« – wie Friedrich Schiller Franziska nannte –, die aus dem prunkliebenden, verschwenderischen und rücksichtslosen Carl Eugen einen ernsthaften »väterlichen« Herrscher machte. Mit Sicherheit hat sie diese Entwicklung beeinflusst, gleichwohl dürften hierbei auch der Druck der Landstände und die persönliche Einsicht des Herzogs eine Rolle gespielt haben. Auf jeden Fall scheint der Herzog, der bisher keinem erotischen Abenteuer ausgewichen war, seinem »Franzele« in herzlicher Zuneigung verbunden gewesen zu sein. Und Franziska erwiderte, wie aus ihren Tagebuchaufzeichnungen hervorgeht, die Gefühle des rund 20 Jahre älteren Mannes. Dank seiner Unterstützung konnte sie sich am 2. Ja-

Die »Säulen des Donnernden Jupiters« im »Englischen Dörfle«.
Gouache von Victor Heideloff, um 1790

nuar 1772 von ihrem aufgezwungenen und gewalttätigen Ehemann Friedrich Wilhelm Richard von Leutrum scheiden lassen. Carl Eugen ernannte sie nun zu seiner offiziellen Mätresse.

Zwei Jahre später wurde »Franzele« von Kaiser Joseph II. zur Reichsgräfin von Hohenheim erhoben, was der Herzog angeblich »um viel Geld erwarb«. Nachdem Carl Eugens Gemahlin Elisabeth Friederike Sophie, die schon lange von ihrem treulosen Gatten getrennt lebte, 1780 in Bayreuth gestorben war, heiratete er Franziska von Hohenheim und verhalf ihr zum Titel einer Herzogin von Württemberg – nicht unbedingt zur Begeisterung der herzoglichen Verwandtschaft.

Zu ihrem 24. Geburtstag am 10. Januar 1772 erhielt Franziska von Carl Eugen das Gut Garbenhof, das bald darauf in Hohenheim umbenannt wurde. Noch im selben Jahr ließ der Herzog die Gartenanlage und das dort noch vorhandene alte Schlösschen ausbauen. Mit den Plänen beauftragte er Reinhard Ferdinand Heinrich Fischer, einen Schüler von Philippe de La Guêpière, der seit 1771 an der Militärakademie tätig war und 1773 zum Hofarchitekten ernannt wurde.

Fischer, der in den Jahren zuvor auch auf der Solitude tätig gewesen war, legte einen axialsymmetrisch geordneten Garten an, in dem sich sowohl Nutz- als auch Ziergewächse befanden, was

Herzog Carl Eugen vor Schloss Hohenheim. Der Herzog auf einem Schimmel erteilt einem Baumeister Befehle. Kolorierter Kupferstich von 1790

seinerzeit in Württemberg noch recht neu war. Das würfelförmige Schlösschen erhielt zwei Flügelanbauten, dessen westlicher von Carl Eugen und Franziska genutzt wurde – eine relativ bescheidene Unterkunft gemessen an den bisherigen Residenzen des Herzogs, der in Hohenheim nun im Stil eines »einfachen Gutsherren« zu leben beabsichtigte.

Eine besonders eigenwillige, aus heutiger Sicht schon fast als skurril zu bezeichnende Erweiterung erfuhr die Anlage 1776. Vermutlich durch eine Reise nach England angeregt, ließ Carl Eugen auf einem nur 21 Hektar großen Gelände eine Außenanlage an den symmetrisch gestalteten Gartenbereich an-

fügen: das »Englische Dörfle«. Dieses fiktive »bäuerliche Dorf« erhielt ein Rathaus, Wirtshaus, Meierei, Köhlerhütte, Pfarrhaus, Mühlen, Schäferhaus, eine gotische Kapelle, ein mittelalterliches Kloster und Heuwagen. Die ungewöhnliche Schöpfung wurde durch römische Ruinen, wie zum Beispiel die Säulen vom Tempel des Donnernden Jupiters oder den Sybillen-Tempel, ergänzt, wobei man sich zwar an den antiken Vorbildern orientierte, sie aber nicht authentisch nachbildete. Alle Bauwerke wurden im Maßstab 1 : 4 umgesetzt.

Franziska und Carl Eugen nahmen regen Anteil an der Entstehung des »Dörfles«, das schließlich mehr als

60 »Szenen« umfassen sollte. Franziska berichtet sogar von Eigenleistungen des Paares. So notiert sie in ihrem Tagebuch, das in ausgesprochen eigenwilliger Orthographie verfasst ist: »das Kleine bad zemer zu dabezieren.«

Vermutlich hatte Friedrich Schiller vor allem das »Dörfle« vor Augen, als er Hohenheim eine »geistvolle Einheit« attestierte und im Weiteren bemerkte: »Ländliche Simplizität und versunkene städtische Herrlichkeit, die zwei äußersten Zustände der Gesellschaft, grenzen auf eine rührende Art aneinander, und das ernste Gefühl der Vergänglichkeit verliert sich wunderbar schön in dem Gefühl des siegenden Lebens.«

Franziskas Tagebucheintragungen verdanken wir zahlreiche Informationen über das »gutsherrliche« Wirken des Paares: Mal berichtet sie, dass »Seine Durchleicht Erbsen und Bohnen gestegt« hat, ein anderes Mal, dass sie »auch säde im Dörfle salad und der herzog rechgden ihn hinein«. Mit dem »Dörfle« schuf sich das Paar die Illusion eines bäuerlich-dörflichen »unverderbten« Lebens, welche zuweilen sogar durch den Einsatz von Komparsen perfektioniert wurde. Schüler der Militärakademie, Offiziere und Mitglieder des Hofstaates mussten dann als »einfache Bauern« und »Dorfbewohner« die Szenerie bevölkern.

Das reich geschmückte Foyer von Schloss Hohenheim

Das malachitgrün gehaltene Arbeitszimmer Herzog Carl Eugens wurde 1796/97 durch Nikolaus von Thouret dem Zeitgeschmack angepasst.

1776 wurde Hohenheim offiziell zur Sommerresidenz und ab 1782 ließ Carl Eugen durch Reinhard Ferdinand Heinrich Fischer anstelle des alten Wasserschlosses eine neue, weitläufige Schlossanlage errichten. Diese ist 520 Meter breit und in streng geometrischer Ordnung gehalten. Den Mittelpunkt bildet ein großer rechteckiger Innenhof, um den sich vier Gebäudetrakte gruppieren, denen im Westen und Osten zwei kleinere Flügelhöfe angefügt wurden, die wiederum von zweistöckigen Gebäuden umrahmt werden. Der im Süden gelegene Hauptbau besticht in seinem Mittelteil durch ein prägnantes Flachkuppeldach, das die restlichen Gebäudeteile leicht überragt, und einen südlich vorgelagerten, von Säulen gestützten Altan.

Hier befindet sich auch ein großzügig angelegter Durchgang, der durch den Hauptbau in den Mittelhof führt und durch eine schnurgerade Achse mit der gegenüberliegenden Zufahrt verbunden ist, die zwischen den beiden nördlichen Flügeln angelegt wurde.

Der Bau des mächtigen Schlosskomplexes, dessen Innenausstattung im Stil des Frühklassizismus erfolgte, war noch nicht vollendet, als Herzog Carl Eugen 1793 nach fast 50-jähriger Regierungszeit in Hohenheim starb. Seine Gemahlin Franziska, die er häufig als sein »Engele« bezeichnet hatte, musste daraufhin Hohenheim verlassen und ihren Witwensitz auf Schloss Kirchheim nehmen, wo sie 1811 starb.

Carl Eugen hinterließ zwar zahlreiche Nachkommen, die seine Favoritinnen zur Welt gebracht hatten, aber keinen standesgemäßen männlichen Nachfolger. Daher folgte ihm sein Bruder Ludwig Eugen, der aufgrund seiner nur 18-monatigen Regierungszeit und wegen des nicht einfachen Erbes, das er angetreten hatte, in der kurzen Zeit seiner Herrschaft kaum baulich tätig wurde. Sein Bruder und Nachfolger Friedrich Eugen veranlasste zwar die Fertigstellung von Schloss Hohenheim, gleichwohl blieb auch ihm zu wenig Zeit, um den Bau gänzlich zu vollenden, denn er starb bereits 1797.

Schon bald nach seinem Tod ließ sein Sohn, der neue regierende Herzog Friedrich II. und spätere König Friedrich I., die Anlage auflösen und gab sie damit dem Verfall preis. Die reichhaltige Innenausstattung von Schloss Hohenheim kam ins Neue Schloss nach Stuttgart, in dessen Gemächern nach wie vor ein Mangel an adäquaten Einrichtungsgegenständen herrschte. Einige »Szenen« aus dem Hohenheimer »Dörfle« wurden nach Ludwigsburg transportiert, wo sie in der Parkanlage von Monrepos eine neue Heimat fanden.

Der heutige Besucher kann die einstige Ausstattung des »Englischen Dörfles«, von dem nur noch wenig vorhanden ist, kaum noch erahnen. Lediglich einige bescheidene Reste erinnern an die Schöpfung von »Franzele« und »Seiner Durchleicht«: das »Wirtshaus zur Stadt Rom« und die »Säulen des Donnernden Jupiters«, welche mittlerweile allerdings umgestürzt sind. Auch das einstige »Spielhaus« existiert nach wie vor – allerdings stark umgestaltet – und beinhaltet ein sehenswertes Museum zur Geschichte von Hohenheim.

Nachdem Carl Eugens Nachfolger, deren finanzielle Möglichkeiten recht beschränkt waren, nur wenig Interesse an der Vollendung und dem Erhalt der Hohenheimer Anlage gezeigt hatten, wurde diese erst wieder unter Wilhelm I., dem Sohn von Friedrich I., intensiv genutzt.

Dieser hatte kaum den Thron bestiegen, als Württemberg 1816/17 infolge von Missernten eine entsetzliche Hungersnot erlebte. Daher engagierte sich der »rex agricolarum« stark für die Entwicklung der Landwirtschaft in Württemberg. Er stiftete nicht nur die Cannstatter Leistungsschau, die wir heute nur noch als Cannstatter Volksfest kennen, sondern ließ auch zur »Bevörderung der Landwirtschaft« 1818 in Hohenheim eine landwirtschaftliche Unterrichts-, Versuchs- und Musteranstalt einrichten, die 1847 zur Landwirtschaftlichen Akademie erhoben wurde. Ihre Aufgabe bestand zum einen in der Ausbildung des Nachwuchses, zum anderen in der Forschung, deren Ziel die Verbesserung der landwirtschaftlichen Erträge war.

Aus der Landwirtschaftlichen Hochschule ist die Universität Hohenheim hervorgegangen, die verschiedene Studiengänge, wie zum Beispiel Agrarwissenschaften, Biologie und Lebensmittelkunde anbietet. Heute befinden sich in den Schlossräumen diverse Institute, die Bodenkundliche Sammlung sowie das Zoologische und Tiermedizinische Museum.

Schloss Scharnhausen – Carl Eugens »retraite«

»Carolus Otio«, also »Carl zur Muße«, lautet die in großen Lettern gehaltene Inschrift im Dreiecksgiebel des frühklassizistischen Schlösschens Scharnhausen. Die Inschrift auf dem Fries darunter verweist auf das Jahr 1784, in dem der baufreudige Herzog Carl Eugen von Württemberg das Schloss durch seinen Hofbaumeister Reinhard Ferdinand Heinrich Fischer, der in den Jahren zuvor auch auf der Solitude und in Hohenheim tätig gewesen war, errichten ließ.

Wer das im landschaftlich reizvollen Körschtal gelegene Scharnhausen, das zur Stadt Ostfildern gehört, in Richtung Ruit verlässt, entdeckt am Ortsausgang auf einer leichten Anhöhe das kleine Schloss. Dieses ist zwar in Privatbesitz und für die Öffentlichkeit nicht zugänglich, von der Ruiter Straße aus aber gut zu sehen.

Das klassizistische Schlösschen Scharnhausen mit markantem Portikus

Herzog Carl Eugen ließ den kleinen Amortempel errichten.

Das Schlösschen Scharnhausen sollte dem damals 56-jährigen Herzog als »retraite« dienen, als Rückzugsort, an dem er mit Franziska von Hohenheim die ländliche Ruhe genießen wollte. Es war also ein vollkommen privater Bau, der keinerlei repräsentative Aufgaben übernehmen musste.

So entstand ein kleines, schlichtes und lediglich zweistöckiges Schloss im Stil des Klassizismus, der sich an Vorbildern der klassischen Antike orientierte. Die von der Straße aus sichtbare Fassade ist in einfachen schnörkellosen Formen gehalten und symmetrisch gegliedert. Lediglich der hohe, mächtige Portikus, dessen vier schlanke Säulen das Gesims mit dem Dreiecksgiebel tragen, verleiht dem Gebäude herrschaftlichen Glanz. »Die ernste Mo-

numentalität des Zeitstiles«, so ist in einem Kunstreiseführer aus dem Jahre 1955 zu lesen, »ist ins Licht-Heitere, Landhausmäßige gemildert.«

Neben diesem Hauptbau befanden sich ursprünglich zwei kleinere Nebengebäude. Zum einen ein im Südosten gelegenes Badehaus, zum anderen im Nordwesten ein Bau, der lediglich einen Speisesaal enthielt. Während das Badehaus 1955 bereits abgebrochen war, existierte das Speisesaal-Gebäude noch, war im Innern jedoch stark verändert worden. Gleichwohl zeigte es noch Reste der alten bemalten Tapeten aus der Zeit Carl Eugens und Franziskas.

Um das Schloss wurde ein Englischer Landschaftsgarten mit sanft geschwungenen Wegen, Gewässern

König Wilhelm I. nutzte die Hofener Mühle neben dem Schloss für sein Gestüt.

und malerisch angeordneten Pflanzengruppen angelegt. Er entstand nach dem Vorbild des berühmten »Gartenreiches« Wörlitz des Fürsten Leopold III. Friedrich Franz von Anhalt-Dessau. Ein Teich, der Franziskas Wunsch entsprechend herzförmig gestaltet wurde, sowie landschaftliche Szenerien, ein Tempelchen, eine Grotte und eine künstlich geschaffene Ruine vervollständigten den Park.

Der Englische Landschaftsgarten und seine Szenerien sind heute fast vollständig verschwunden. Von den Parkbauten blieb lediglich der so genannte Amortempel erhalten, den Carl Eugen für sein »Engele« Franziska errichten ließ. Das Tempelchen, das einstmals zum Inventar der Gartenanlage gehört hatte, befindet sich nicht mehr an seinem ursprünglichen Platz, sondern am Hang oberhalb des Schlosses.

Man erreicht den frei zugänglichen Amortempel, wenn man links am Schloss vorbei der Kastanienallee in einem weiten Bogen um eine Pferdekoppel auf die Anhöhe folgt, auf die er im Auftrag von König Wilhelm I., einem Großneffen Carl Eugens, versetzt wurde. Der pittoreske weiße Rundtempel umfasst nur wenige Quadratmeter und ist im Stil des Klassizismus gestaltet. Über der viereckigen Grundfläche erhebt sich das Runddach, das von zwölf Säulen, drei in jeder Ecke, getragen wird. Ansonsten ist der kleine Bau nach allen vier Himmelsrichtungen hin offen und gewährt einen freien Blick in die Landschaft, nicht jedoch auf das Schloss.

Herzog Carl Eugen und Herzogin Franziska 1787.
Kupferstich von Johann Friedrich Knisel

Pferdezucht rasch weit über die Grenzen des Landes hinaus bekannt wurde. So erlebte Carl Eugens einstige »retraite« nun eine praktische Verwendung, die zwangsläufig auch zur Umgestaltung des Gartens und der Gebäude führte. Wilhelm I. benötigte die Hofer Mühle neben dem Schloss, die Carl Eugen erworben und in seinen Englischen Landschaftsgarten integriert hatte, für sein Gestüt. Er beauftragte den württembergischen Hofbaumeister Giovanni Salucci 1823 mit dem Bau eines Stutenstalles, dem 1836 ein großer Fohlenstall folgen sollte.

1857 erlebte das Schlösschen den Empfang ranghoher Gäste: Kaiser Napoleon III. von Frankreich und Zar Alexander II. von Russland, die Wilhelm I. sowohl aus familiären als auch aus politischen Gründen nach Stuttgart eingeladen hatte. Wie heute noch bei Staatsbesuchen üblich, gehörte dazu auch ein »Begleitprogramm«. Und so führte der württembergische König seine Gäste auf das Cannstatter Volksfest und zeigte ihnen seine Pferdegestüte, darunter auch Scharnhausen, von dem die beiden Besucher angeblich sehr beeindruckt gewesen sein sollen.

Unter König Wilhelm I. erfuhr der Englische Landschaftsgarten von Scharnhausen eine neue Nutzung und damit einhergehend starke Veränderungen. Der Monarch betrieb systematisch die Modernisierung der Landwirtschaft in Württemberg und förderte durch die Einrichtung von Mustergütern die Leistungsfähigkeit der landwirtschaftlichen Produktion.

In Scharnhausen und anderen königlichen Domänen ließ er Pferdegestüte einrichten, die bald so erfolgreich waren, dass die württembergische

Schlösschen Serach – *»Süße Maierinnerungen«*

Im Norden der Stadt Esslingen, im Stadtteil Serach, befindet sich das Seracher Schlösschen, das 1820 im Auftrag des Oberamtsrichters Karl August Georgii als repräsentatives Wohnhaus erbaut wurde. Rund zehn Jahre später erwarb Graf Alexander von Württemberg, ein Neffe König Friedrichs I., das Gebäude. Sein Vater Wilhelm, ein Bruder des Königs, hatte in nicht ebenbürtiger Ehe Wilhelmine von Thunderfeld-Rhodis, eine Hofdame seiner Mutter aus niederem Adel, geheiratet und für sich und seine Nachkommen

Der Eingangsbereich des Schlösschens Serach, ehemals Treffpunkt des »Seracher Kreises«

*Der »Seracher Dichterkreis« zu Besuch bei Justinus Kerner und seiner Frau
Friederike in Weinsberg: Theobald Kerner, Nikolaus Lenau, Gustav Schwab,
Graf Alexander von Württemberg, Karl Mayer, Justinus Kerner, Friederike Kerner,
Ludwig Uhland, Karl August Varnhagen von Ense (von links)*

auf etwaige Thronrechte in Württemberg verzichtet. Seinen Nachfahren wurde der Titel Graf beziehungsweise Gräfin von Württemberg zugestanden. Graf Alexanders Bruder, der ebenso wie der Vater den Namen Wilhelm trug, wurde als Bauherr von Schloss Lichtenstein bekannt, das er – durch den romantischen Roman »Lichtenstein« von Wilhelm Hauff – auf einem steilen Felsen über dem Echaztal 1840 bis 1842 errichten ließ.

Auch Graf Alexander fühlte sich der Dichtkunst verbunden. Die Gedichte, die er verfasste, erschienen unter anderem im »Morgenblatt für gebildete Stände« des Verlegers Johann Friedrich Cotta von Cottendorf, dessen Redaktion zeitweise in den Händen von Wilhelm Hauff lag.

Nachdem Graf Alexander, dessen Wohnsitz bis dato im Oberen Palm'schen Bau in der Esslinger Innenstadt lag, 1832 aus dem Militärdienst ausgeschieden war, hielt er sich überwiegend in Serach auf. Das dortige Landhaus, das er vier Jahre zuvor erworben hatte, ließ er nun zu einem schmucken kleinen Schlösschen im Stil des Klassizismus ausbauen, welches schnell zum Treffpunkt der schwäbischen Spätromantiker avancierte. Zu Alexanders Gästen und Freunden gehörten die Dichter Gustav Schwab, Justinus Kerner, Ludwig Uhland und der Reutlinger Hermann Kurz. Man pflegte einen regen Gedankenaustausch, las zusammen Gedichte, musizierte, feierte und unternahm Bootsfahrten auf dem Neckar. Eine häufig in Serach weilende Besucherin lobt das Schlössle euphorisch: »Du paradiesisches Serach – süße Maierinnerungen weckst du in der Brust.«

Eine besondere Freundschaft verband Graf Alexander mit Nikolaus Lenau, den er durch Gustav Schwab kennen lernte und bald freundschaftlich »Miklós« nannte. Lenau schloss sich bald dem »Seracher Kreis« der schwäbischen Romantiker an. Wobei er allerdings weder Schwabe noch Romantiker war, sondern aus Österreich-Ungarn stammte und literaturhistorisch als Dichter der Restauration betrachtet wird.

Die Freundschaft mit Graf Alexander scheint den zu Depressionen neigenden Nikolaus Lenau, der seine letzten Lebensjahre teilweise in der Nervenheilanstalt von Winnenden verbrachte, aufgeheitert zu haben: »Ausnahmsweise hatte Lenau auch glückliche Tage«, so berichtet Theobald Kerner. »So war es vor allem, wenn er mit Graf Alexander von Württemberg

nach Weinsberg kam. (...) Die fröhliche Fahrt, die lebhafte Unterhaltung, das ungebundene, treuherzige Wesen Alexanders taten Lenaus Nerven wohl, er war dann auch ganz er selbst, ohne schauspielerische Zutaten, und brachte einen guten Appetit mit«. Auch in Marie Friederike Alexandrine von Württemberg fand der schwermütige Lenau eine Verehrerin. Sie stickte ihm ein mit Eichenlaub verziertes Gitarrenband, da er die Zusammenkünfte in Serach gerne mit »Zigeunerweisen« auf der Gitarre oder Geige bereicherte.

Graf Alexanders Seracher Schlössle wurde zu dieser Zeit gleichsam zu einer »Filiale« des berühmten Kerner-Hauses in Weinsberg bei Heilbronn, wo der Arzt und Dichter Justinus Kerner zusammen mit seiner tatkräftigen Frau Friederike die Vertreter des schwäbischen Geisteslebens empfing, bewirtete, Gedanken und Gedichte austauschte und zuweilen auch ihre seelischen Nöte pflegte.

Graf Alexander starb bereits 1844 im Alter von nur 42 Jahren. Danach wurde es still um das Schlösschen, das schließlich 1853 von Felix von Hohenlohe-Öhringen erworben wurde. Dieser geriet jedoch schon bald in finanzielle Schwierigkeiten und war daher gezwungen, Serach 1864 an eine Bank zu verkaufen.

Das Schlösschen Serach befindet sich heute in Privatbesitz und ist weder von innen noch von außen zu besichtigen. Zu sehen ist lediglich ein bizarr gestaltetes Eingangstor, hinter dem man keinesfalls ein Schlösschen und den Treffpunkt des »Seracher Kreises« vermuten würde.

Die Ursprünge des Köngener Schlosses reichen mit Sicherheit ins 14., vielleicht sogar ins späte 12. Jahrhundert zurück, wobei jedoch weder der Bauherr noch die genaue Bauzeit bekannt ist. 1392 wurde die damalige Burg erstmals urkundlich erwähnt. In diesem Zusammenhang erfahren wir von baulichen Tätigkeiten, die von Anna von Aichelberg veranlasst worden waren. Die Burg wurde vergrößert, mit tiefen Gräben umgeben und zu einer Wasserburg ausgebaut.

Die Bauherrin war mit Hans Thumb von Neuburg verheiratet, der durch die Heirat 1382 das Dorf Köngen erworben hatte. Das adelige Geschlecht der Thumb, die ihrem Namen 1240 den Zusatz Neuburg hinzugefügt hatten, war wohlhabend und einflussreich. Zahlreiche Familienmitglieder standen im Dienst der Grafen und später der Herzöge von Württemberg und genossen hohes Ansehen. 1507 erhielt Konrad Thumb von Neuburg von Herzog Ulrich, der häufig in Köngen bei

Die ehemalige Wasserburg von Köngen wurde zu einem Renaissance-Schloss ausgebaut.

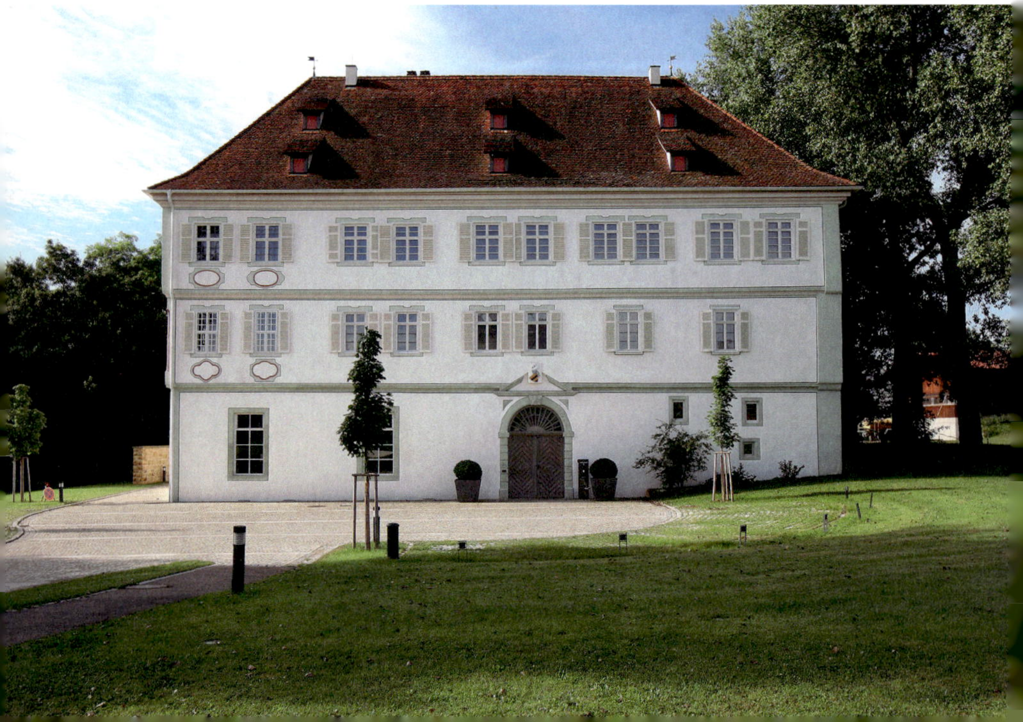

ihm zu Besuch war, das Amt des Erb-marschalls. Das harmonische Verhält-nis der beiden währte allerdings nicht lange. 1515 ermordete der jähzornige Herzog Konrads Schwiegersohn Hans von Hutten bei einer Jagd im Schön-buch, mit dessen Frau er ein Verhältnis gehabt haben soll.

In der ersten Hälfte des 16. Jahrhun-derts wurde die Köngener Wasserburg zu einem ansehnlichen Renaissance-Schloss umgebaut, wobei die Anlage allerdings nur wenig von ihrem wehr-haften Charakter einbüßte, da die Mauern und Wassergräben erhalten blieben. In diesem Zusammenhang wird in einigen Quellen Heinrich Schickhardt als Baumeister genannt, dies ist jedoch nicht gesichert. Um den viereckigen Innenhof entstand eine Vierflügelanlage mit mächtigem Fach-werkgebälk, das jedoch seit 1832 unter Putz verschwunden ist.

Eine besondere Kostbarkeit ist der Rittersaal im Nordtrakt des Schlosses, dessen heutige Ausgestaltung wohl zu Beginn des 17. Jahrhunderts erfolgte. Die prächtige farbig bemalte Holzver-täfelung der Wände zeigt die Porträts zahlreicher Kaiser, die mit Sinnsprü-chen bereichert sind, und eine große Abbildung des Sultans Süleyman der Prächtige.

Ab 1647 teilten sich die Cousins Ludwig Friedrich und Friedrich Alb-recht den Köngener Besitz der Thumb von Neuberg. Aber bereits 1666 ver-kaufte Friedrich Albrecht, der in finan-ziellen Schwierigkeiten steckte, seinen Anteil an das Haus Württemberg.

Der Hof der heutigen Zweiflügelanlage

Der prächtige Rittersaal im Nordtrakt mit farbig bemalter Wandvertäfelung

Das führte zu einer äußerst kuriosen Situation: Das Dorf hatte nun nicht nur zwei Ortsherren, die sich zumeist in herzlicher Feindschaft verbunden waren, sondern auch ein gleichsam zweigeteiltes Schloss, das von beiden Parteien genutzt wurde. Im »Vorderen Schloss« waren die Verwalter des Herzogs, so genannte Vögte, untergebracht, während das »Hintere Schloss« als Wohnsitz der Familie Thumb von Neuburg diente. Die Situation wurde auf die Dauer unhaltbar und so entschloss

sich Wilhelm Ludwig, Ludwig Friedrichs Sohn, angesichts der ständigen Querelen, seine Hälfte des Besitzes an Württemberg abzutreten. Im Gegenzug erhielt er 45 000 Gulden und das Schloss von Unterboihingen, das sich bis heute im Besitz seiner Nachfahren befindet.

Nach dem Übergang an Württemberg diente das Köngener Schloss als Verwaltungssitz, erfuhr aber keine nennenswerten baulichen Veränderungen. Erst nachdem das Schloss 1825 an

Blick vom Vorraum in den Rittersaal

räume neu gestalten und mit Stuckdecken versehen.

Dem Doktor und seiner Familie diente das Gebäude nun als Wohnsitz. Ein Teil der Räume sollte in der zweiten Hälfte des 19. Jahrhunderts eine besondere Nutzung erleben. Seinerzeit verloren viele Köngener Leinenweber durch die Industrialisierung ihre Arbeit und lebten daher in bitterer Armut. Zur Linderung der Not richteten Marie und Berta Weishaar, die Frau und die Schwiegertochter des 1934 verstorbenen Jakob Friedrich, im Rittersaal des Schlosses eine Klöppelschule ein, deren Produkte sie mit Erfolg vertrieben.

Im Jahr 1991 erwarb die Gemeinde Köngen das Schloss, das nach jahrelanger Vernachlässigung zu verfallen drohte. In enger Zusammenarbeit mit dem Landesdenkmalamt und mit der Unterstützung der Deutschen Stiftung Denkmalschutz erfolgte eine aufwändige Sanierung des maroden Gebäudes. Mittlerweile wurde im Schloss Köngen ein Kulturzentrum eingerichtet, das sich insbesondere durch seine Jazz-Konzerte einen Namen in der Region gemacht hat.

Dr. Jakob Friedrich Weishaar verkauft worden war, erfolgten ab 1830 wieder umfangreiche Bautätigkeiten, die allerdings gravierende Einschnitte in die alte Bausubstanz mit sich brachten. Die alten Wassergräben wurden aufgefüllt und das »Vordere Schloss« abgebrochen, sodass heute nur noch eine Zweiflügelanlage vorhanden ist, die sich mittlerweile liebevoll restauriert präsentiert. Jakob Friedrich Weishaar ließ das Fachwerk des »Hinteren Schlosses« verputzen, seine Innen-

»E s geng nichts besonderes vor« ist häufig im Tagebuch der Franziska von Hohenheim zu lesen, die sich auf ihrem Witwensitz damit beschäftigte, »immer zu raumen«, und in ihren Aufschrieben mehrmals erwähnt, dass ein Tag dem anderen glich. Ihre Tagebuchnotizen sind ein Zeugnis des langweiligen und eintönigen Lebens, das die Witwen der württembergischen Herzöge oftmals führten. Die häufig noch sehr jungen Frauen verbrachten den Rest ihres Lebens zwar materiell wohl versorgt – entsprechende Verfügungen wurden in den Heiratsverträgen geregelt –, aber weitab vom Hof und seinem regen Leben auf abgelegenen Witwensitzen, vor allem Schlössern, an denen zwischenzeitlich kein gesteigertes Interesse mehr bestand. Auch das Kirchheimer Schloss, das einstmals ein strategisch wichtiger Stützpunkt gewesen war, verlor im Laufe der Zeit seine Funktion als Wehranlage und wurde

Das Schloss an der Südwestecke der ehemaligen Befestigung von Kirchheim

Der Innenhof der unregelmäßigen Vierflügelanlage

zu einem häufig genutzten »Withum« umfunktioniert, in dem nun Witwen der württembergischen Herrscher ihren Alterssitz fanden.

Bereits seit dem späten 14. Jahrhundert schätzten die Grafen von Württemberg Kirchheim, das von wildreichen Wäldern umgeben war, als Ausgangspunkt höfischer Jagdveranstaltungen. Auch als Tagungs- und Konferenzort wurde die Gemeinde gerne genutzt, deren Name sich daher auch in Verträgen aus jener Zeit wiederfindet, wie zum Beispiel in der »Kirchheimer Münzkonvention« von 1374.

Seinerzeit verfügte Kirchheim bereits über ein Stadtschloss, das möglicherweise schon von den Vorbesitzern des Ortes, den Herzögen von Teck, errichtet worden war. Seine Größe und

sein Aussehen sind nicht bekannt, aber es muss repräsentativ genug gewesen sein, um nicht nur die gräflichen Jagdgesellschaften, sondern auch hohe Persönlichkeiten, die zu Verhandlungen anreisten, aufzunehmen.

Zwei Jahre lang, von 1494 bis 1496, diente das Kirchheimer Schloss als Residenz von Graf Eberhard, dem jüngeren Vetter von Graf Eberhard im Bart. Nach dem Tod des älteren Eberhard, der kurz nach seiner Erhebung zum Herzog kinderlos verstarb, folgte ihm sein jüngerer Cousin als Herzog Eberhard II. auf dem Thron. Dessen Regierung verlief allerdings so unglückselig, dass er abgesetzt wurde – ein bis dato einmaliger Vorgang in Deutschland.

Sein Nachfolger Ulrich war kein weniger schwieriger Charakter. Er er-

Das mächtige Rondell in der Südwestecke des Schlosses

Auch zur Stadtseite hin war das Schloss durch Wassergräben geschützt.

mordete seinen Stallmeister Hans von Hutten, misshandelte seine Frau und ließ seine innenpolitischen Gegner inhaftieren und foltern. Nachdem er mit dem ungerechtfertigten Überfall auf die Reichsstadt Reutlingen einen weiteren Rechtsbruch begangen hatte, wurde er vom Schwäbischen Bund aus Württemberg vertrieben. Die Einführung der Reformation ermöglichte ihm zwar 1534 die Rückkehr in sein Land, verschaffte ihm gleichzeitig aber auch mächtige Gegner, nämlich die katholischen Fürsten und Kaiser Karl V.

Daher ließ Herzog Ulrich schon kurz nach seiner Rückkehr aus der Verbannung fünf Burgen und zwei Städte zu Landesfestungen ausbauen, die so stark befestigt wurden, dass sie auch der seit dem Mittelalter stark fortgeschrittenen Waffentechnik standhalten sollten.

»Anno 1538 hatt hertzog Ulrich die statt Kürchen zu befestigen angefangen.« Unter Einbeziehung der mittelalterlichen Stadtmauern ließ Herzog Ulrich Kirchheim festungsmäßig ausbauen. An der südwestlichen Ecke der Mauer entstand anstelle des mittelalterlichen Schlosses eine unregelmäßige Vierflügelanlage, die Bestandteil der Stadtbefestigung war. Sie wurde durch sehr breite und tiefe Gräben geschützt, die bis über drei Meter tief mit Wasser gefüllt waren. Die Untergeschosse der beiden Hauptflügel an der Südwestecke der Festung, die zusätzlich durch ein Rondell gesichert wurden, weisen bis zu drei Metern Mauerdicke auf. Auch zur Stadtseite hin war das Schloss durch Wassergräben und dicke Mauern geschützt, denn es sollte im Notfall als letzter Rückzugsort dienen können.

Alles in allem entsprach Kirchheim zur Zeit Herzog Ulrichs jedoch nicht dem damals modernsten wehrtechnischen Standard und zu allem Überfluss zeigten sich auch schon bald die ersten Baumängel. Daher entschloss sich Ulrichs Sohn Christoph zu Beginn der 50er-Jahre des 16. Jahrhunderts, die Anlage sanieren und modernisieren zu lassen. Er rief Fachleute zusammen, die den Bau nach den neuesten Erkenntnissen der Kriegsbaukunst umgestalten sollten. Infolge von finanziellen Schwierigkeiten kam jedoch nur ein Teil der Pläne zur Ausführung, sodass die Landesfestung Kirchheim auch unter Herzog Christoph nicht den Stand der damals aktuellen Wehrtechnik erreichen sollte. Knapp hundert Jahre später hatte sie bereits ihre militärische Bedeutung verloren.

Gleichwohl blieben die Befestigungsanlagen bis ins 19. Jahrhundert hinein vollständig erhalten. Erst nach 1828 wurden sie sukzessive abgetragen, da sie der weiteren Stadtentwicklung und der Industrialisierung im Weg standen. Die heute noch vorhandenen Reste der Befestigungsanlagen blieben nur deshalb erhalten, weil sie sich damals nicht vollständig im Besitz der Stadt befanden.

Seit Herzog Christoph hat sich das äußere Erscheinungsbild des Schlosses kaum verändert, sieht man einmal davon ab, dass der Graben zwischenzeit-lich wasserlos ist und etwas aufgefüllt wurde. Damals wie heute präsentiert sich der nüchterne Bau mit einem mächtigen steinernen Untergeschoss, über dem sich zwei Fachwerkstockwerke erheben. Während äußerlich der militärische Charakter der Anlage bestehen blieb, erhielten die Innenräume schon bald eine wohnlichere Gestaltung.

Herzog Friedrich I., der Nachfolger von Herzog Christophs kinderlos verstorbenem Sohn Ludwig, hielt sich um die Wende vom 16. zum 17. Jahrhundert häufiger in Kirchheim auf. Nicht nur, um in den Wäldern von Kirchheim zu jagen, sondern auch um im nahe gelegenen Boll Heilwasserkuren zu tätigen. Als 1594 in Stuttgart eine Pestepidemie ausbrach, übersiedelte Friedrich I. mit seiner Familie der »besseren Luft« wegen nach Kirchheim. Bis zur Entdeckung des Pesterregers 1894 war der Glaube weit verbreitet, die Pest würde durch giftige Dämpfe in der Luft übertragen.

Während des Dreißigjährigen Krieges diente Kirchheim erstmals – allerdings vorübergehend – als Witwensitz. Infolge der kriegerischen Ereignisse konnte Herzogin Barbara Sophie nach dem Tod ihres Gemahls 1628 nicht wie vorgesehen nach Brackenheim übersiedeln und hielt sich daher vier Jahre lang in Kirchheim auf. Im Gegensatz zu ihren Nachfolgerinnen nahm sie jedoch keine größeren Umgestaltungen an den Schlossräumen vor.

Auch für Maria Dorothea Sophia, die zweite Gemahlin von Herzog Eberhard III., war zunächst Bracken-

Wir sind neugierig ...

... was Sie von dem Buch halten, dem Sie diese Karte entnommen haben.

Titel des Buchs

Wie wurden Sie auf das Buch aufmerksam?

Bitte schreiben Sie uns ganz offen Ihre Meinung. Sie ist wichtig für unsere weitere Verlagsarbeit.

Der Silberburg-Verlag hat sich auf Baden-Württemberg spezialisiert. Haben Sie Ideen oder Vorschläge zu Buchthemen?

... Sie auch?

Tragen Sie einfach umseitig Ihre Anschrift ein. Gerne senden wir Ihnen dann Informationen zu unseren Neuerscheinungen.

Im Silberburg-Verlag erscheint »**Schönes Schwaben**« – die farbige Monats-zeitschrift zu Kultur, Geschichte, Landeskunde. Informativ und unterhaltsam, aktuell und zeitlos. Mit traumhaft schönen Fotos und interessanten Artikeln von kompetenten Autoren. Das Magazin, in dem auch schwäbische Mundart gepflegt wird. Sollen wir Ihnen einmalig ein kostenloses Probeheft senden?

☐ Ja   ☐ Nein

Absender (bitte gut lesbar schreiben):

Name

Straße

PLZ Ort

Beruf Alter

Für Silberburg-Bücher interessiert sich auch:

Bitte als
Postkarte
frankieren

Antwort

Silberburg-Verlag GmbH

Schönbuchstraße 48
D-72074 Tübingen

Die Räume des einstigen Witwensitzes dienen heute unter anderem als Museum.

heim als Witwensitz vorgesehen, das jedoch aufgrund eines Brandes nur bedingt bewohnbar war, als der Gatte 1674 starb. Daher wurde ihr das Kirchheimer Schloss als Witwensitz zugewiesen. Bevor sie dort jedoch mit ihren beiden jüngsten Kindern, Johann Friedrich und Sophia Charlotte, 1675 einzog, erfolgte eine neue Möblierung der Schlossräume. In den folgenden Jahren ließ die Herzoginwitwe, die recht anspruchsvoll und wenig sparsam gewesen sein soll, weitere Umgestaltungen vornehmen. Zu ihrer Ehrenrettung muss allerdings erwähnt werden, dass sie nicht nur für ihre persönlichen Belange, sondern auch für bedürftige Untertanen großzügig Geld ausgab.

1690 zerstörte ein verheerender Brand weite Teile der Stadt. Obwohl das Schloss nicht in Mitleidenschaft gezogen wurde, bat die Herzoginwitwe daraufhin, ihren Witwensitz nach Nürtingen verlegen zu dürfen, wo sie acht Jahre später an einem Nierenleiden und an Wassersucht starb.

Ende des 17., Anfang des 18. Jahrhunderts erlebte Württemberg, das sich noch kaum von den Folgen des Dreißigjährigen Krieges erholt hatte, schwere Zeiten. 1677 starb Herzog Wilhelm Ludwig überraschend im Alter von 30 Jahren und hinterließ einen neunmonatigen Knaben als Thronfolger, Eberhard Ludwig. In den folgenden Jahren kam es immer wieder zu Spannungen zwischen Herzog Friedrich Carl, der als Obervormund des Kindes und Administrator des Herzogtums eingesetzt worden war, und der Herzoginwitwe Magdalena Sibylla, die zu ihrem Leidwesen lediglich die Mitvormundschaft innehatte. Zu allem Überfluss wurde die Situation durch kriegerische Auseinandersetzungen verschärft, in deren Folge immer wieder französische Truppen in das Land einfielen.

Bis heute wird Magdalena Sibyllas politische Einflussnahme unterschiedlich gewertet. Mit Sicherheit hat sie jedoch sehr viel Mut bewiesen, als sie während der Franzoseneinfälle ihre eigene Sicherheit missachtend in Stutt-

gart blieb und durch ihren selbstlosen Einsatz die »ruhmreiche Rettung des Vaterlandes« bewerkstelligte. Schließlich gelang es ihr 1693, den Herzog-Administrator Friedrich Carl durch einen geschickten Schachzug kaltzustellen. Der abservierte einstige Obervormund verbrachte einen Großteil seiner restlichen Jahre auf Schloss Kirchheim, wo er allerdings keine nennenswerten baulichen Spuren hinterlassen hat.

Noch währen Friedrich Carl mit seiner Familie das Schloss bewohnte, erhielt Herzogin Magdalena Sibylla Kirchheim als Witwensitz, zeigte zunächst allerdings wenig Neigung, sich dort aufzuhalten. Sie verbrachte ihre Tage lieber im Stettener Schloss, das ihr von ihrem verstorbenen Gatten zur lebenslangen Nutzung überlassen worden war, oder im Stuttgarter Schloss, was ihrem Sohn ganz und gar nicht behagte. Eberhard Ludwig zeigte nämlich wenig Neigung, sich, dem Wunsch seiner tief religiösen Mutter gemäß, zum frömmsten Herzog Europas zu entwickeln, und vergnügte sich lieber mit seiner Mätresse Wilhelmine von Grävenitz. Der junge Herzog hoffte offensichtlich, seine Mutter loswerden zu können, indem er die Renovierung des Kirchheimer Schlosses, insbesondere die Instandsetzung der dortigen Kapelle, vorantrieb. Die Herzoginwitwe konnte sich jedoch dem Umzug lange widersetzen. Vermutlich verbrachte sie nur einen Teil ihrer beiden letzten Lebensjahre in Kirchheim, wo sie 1712 im Alter von 60 Jahren starb. Entgegen ihrer testamentarischen Verfügung wurde sie allerdings nicht in der dortigen Schlosskapelle, die zum Zeitpunkt ihres Todes noch immer nicht fertig gestellt war und erst 1717 eingeweiht werden sollte, beerdigt, sondern in der Stuttgarter Stiftskirche neben ihrem Gemahl.

Die Nachfolgerin der frühpietisch-frommen Magdalena Sibylla, die bereits im Alter von 25 Jahren Witwe geworden war, wurde bereits zu Lebzeiten ihres Gatten gleichsam abgeschoben. Johanna Elisabeth verbrachte einen Großteil ihres Lebens im Alten Stuttgarter Schloss, das damals schon längst nicht mehr zeitgemäß war. Ihr Gatte ließ sich derweil seine prunkvolle Residenz Ludwigsburg errichten und lebte zeitweise sogar mit der »Landesverderberin« Wilhelmine von Grävenitz in Bigamie.

Obwohl sich die Herzogin ihrem untreuen Gemahl gegenüber nachsichtig zeigte und sich offensichtlich klaglos in ihr Schicksal fügte, scheint sie mehr Entschlossenheit entwickelt zu haben, als es um die Ausgestaltung ihres Witwensitzes ging. Sie erwirkte eine umfangreiche Sanierung des Schlosses sowie die Anschaffung von Möbeln, Vorhängen und Geschirr für sich und ihre Töchter, die mit ihr in Kirchheim lebten.

Zahlreiche Witwen ließen das Kirchheimer Schloss entsprechend ihrem jeweiligen Geschmack und nach ihren Bedürfnissen immer wieder umgestalten. Die heute noch vorhandene Einrichtung geht jedoch im Wesentlichen auf Franziska von Hohenheim und Herzogin Henriette zurück.

Die sicherlich bekannteste Kirchheimer Witwe ist Franziska von Hohenheim, die zweite Gattin von Herzog

Bildnis der Herzogin Magdalena Sibylla von Württemberg, die von 1690 bis 1712 in Kirchheim ihren Witwensitz hatte.

Carl Eugen. Nach dem Tod des mehr als 20 Jahre älteren Gemahls musste sein »Engele« viel erdulden, denn die herzogliche Verwandtschaft war nicht bereit, sie als rechtmäßige Herzogin von Württemberg anzuerkennen und entsprechend zu behandeln. Sie war nun gezwungen, umgehend ihr geliebtes Gut Hohenheim, wo sie mit dem Herzog viele glückliche Stunden verbracht hatte, zu verlassen und auf den Besitz zu verzichten. Die erzwungene Rückgabe aller Wertgegenstände, die ihr der Herzog zum Geschenk gemacht hatte, dürfte sie vermutlich weit weniger getroffen haben.

In seinem Testament von 1792 hatte Carl Eugen festgelegt, dass Franziska Kirchheim als Witwensitz, zu seiner Ausstattung einmalig 4000 Gulden und außerdem jährlich 20 000 Gulden erhalten sollte. Bevor Franziska 1795 nach Kirchheim übersiedelte, ließ sie von Reinhold Ferdinand Heinrich Fischer, der bereits auf der Solitude, in Hohenheim und in Scharnhausen gewirkt hatte, umfangreiche Umgestaltungen am Schloss vornehmen. Im zweiten Geschoss des Südtraktes entstand eine helle, lichte Raumflucht,

deren Gemächer mit prächtigen Wandbespannungen und Papiertapeten ausgestattet wurden.

Nachdem Franziska von Hohenheim nach Kirchheim gezogen war, ließ sie die Enfilade durch den Anbau von zwei Gartenzimmern nach Osten hin verlängern. Diese führten zu einem Terrassengarten, der auf den alten Kasematten für sie angelegt worden war. Ihre restlichen sechzehn Lebensjahre verbrachte sie überwiegend in Kirchheim, wo sie ein beschauliches zurückgezogenes Leben führte, das vor allem durch Langeweile und Eintönigkeit, aber auch wohltätige Werke geprägt war.

Von den Kasematten aus dem 16. Jahrhundert sind nur wenige erhalten.

Franziska von Hohenheim starb 1811 im Kirchheimer Schloss qualvoll an Gebärmutterkrebs. Ihr innigster Wunsch war es, neben Carl Eugen in der Ludwigsburger Gruft beigesetzt zu werden. Da sie aber auch von König Friedrich I., dem Neffen ihres Gatten, nicht als rechtmäßige Herzogin anerkannt wurde, blieb ihr dieser Wunsch versagt. Nachdem sie zwei Tage lang im Kirchheimer Schloss aufgebahrt worden war, wurde sie unter großer Anteilnahme der Bevölkerung, bei der sie hohes Ansehen als Wohltäterin genoss, in einem Grabgewölbe unter dem Chor der Martinskirche beigesetzt.

Ende 1811 wies König Friedrich I. seinem Bruder Ludwig, genannt »Louis«, und seiner Familie Schloss Kirchheim als Wohnsitz zu. Louis war das, was man gemeinhin als einen »Bruder Leichtfuß« bezeichnete. Im Lauf seines Lebens häufte er einen enormen Schuldenberg an und soll sogar in einen Schmiergeldskandal verwickelt gewesen sein, was allerdings bis heute nicht sicher bewiesen werden konnte. Als Louis schließlich in Warschau in Schuldhaft genommen wurde, löste der württembergische König seinen ungeliebten Bruder aus, verfrachtete ihn und seine Familie nach Kirchheim und bemühte sich um die Tilgung der enormen Schulden. »Bruder Leichtfuß« wurde nun sehr genau überwacht und erhielt nur eine relativ geringe Summe für seine persönliche Lebensführung, was ihn daran hindern sollte, weitere Schulden anzuhäufen.

Wenngleich seiner Gemahlin Henriette eine deutlich höhere Apanage

Porträt der Herzogin Henriette von Württemberg (1780–1857). Gemalt von Anton Einsle, um 1838

zugestanden wurde, litten sie und die Kinder doch unter den finanziellen Einschränkungen und dem eintönigen Leben fernab der Residenz. Gleichwohl ergab sich Henriette in ihr Schicksal und harrte an der Seite ihres zunehmend verbitterter werdenden Gatten aus. Man darf annehmen, dass der Tod von Herzog Louis, er starb 1817 im Alter von 61 Jahren in Kirchheim, für seine 37-jährige Witwe eine gewisse Erleichterung brachte, wenngleich sie sich niemals dahingehend geäußert hat.

Henriette wusste ihre zweite Lebenshälfte, die sie als Witwe in Kirchheim verbrachte, zu nutzen. Zunächst galt es für die vier noch unverheirateten ihrer fünf Kinder politisch und finanziell vorteilhafte Verbindungen zu suchen. Die Tochter Pauline heiratete 1820 König Wilhelm I. von Württemberg, ihren fast 20 Jahre älteren Cousin, und brachte den lange ersehnten Thronfolger, den späteren König Karl, zur Welt. Ihr Bruder Alexander ging zwar eine nicht standesgemäße Ehe ein, sein Sohn wurde aber trotzdem zum Begründer der Seitenlinie Teck und war der Vater von Queen Mary, der Großmutter der heutigen englischen Königin Elisabeth II.

Während die Witwe Henriette ihre Kinder so geschickt » unter die Haube « brachte, dass sie zuweilen als » Großmutter Europas « bezeichnet wird, entwickelte sie in Kirchheim segensreiche und wohltätige Aktivitäten. Sie war eine gläubige Frau, nicht frömmlerisch, sondern auf praktische christliche Nächstenliebe bedacht. Ihr soziales Engagement bezog sich unter anderem auf die Einrichtung einer Rettungsanstalt für bedürftige und verwahrloste Kinder und die Unterstützung einer » Höheren Töchterschule «, deren Unterrichtsräume sich anfangs im Schloss befanden. Gleichzeitig unternahm sie immer wieder weite Reisen, um ihre Kinder und Enkel zu besuchen, die sie im Übrigen auch häufig in Kirchheim empfing.

Das Schloss, das ihr für mehr als vierzig Jahre zum Lebensmittelpunkt wurde, ließ sie dem Geschmack der Zeit entsprechend neu ausgestalten. Die Räume wurden nun deutlich » plü-

schiger «, mit Teppichen, Vorhängen und Polstermöbeln reichlich ausgestattet. Die Gemächer, die zunächst vor allem mit den Möbeln von Franziska eingerichtet worden waren, wurden im Lauf der Zeit durch die Anschaffung weiterer Gegenstände ergänzt. Zahlreiche Zeichnungen vermitteln uns heute noch die Raumgestaltung des Kirchheimer Schlosses zu Henriettes Lebenszeit. Dabei tauchen nicht nur zahlreiche Zimmerpflanzen auf – seinerzeit eine neue modische Erscheinung –, sondern immer wieder auch der geliebte Papagei von Henriette, der angeblich sogar bei den Mahlzeiten am Tisch sitzen durfte.

Nachdem Herzogin Henriette 1857 in Kirchheim gestorben war, wurde das Schloss unter anderem als Lazarett im Deutsch-Französischen Krieg 1870/71 genutzt. 1872 bis 1889 waren Teile der Kirchheimer Volksschule im Schloss untergebracht, schließlich 1911 bis 1948 die Frauenarbeitsschule und 1916 auch ein Soldatenheim. 1922 wurde das Kirchheimer Heimatmuseum, das sich heute im Kornhaus befindet, im Schloss untergebracht. Der überwiegende Teil des Schlosses wird mittlerweile vom Pädagogischen Fachseminar belegt, was stellenweise deutliche Eingriffe in die historische Bausubstanz mit sich brachte.

Die Gemächer der beiden letzten Bewohnerinnen wurden 1985 und 1997 fachgerecht und liebevoll restauriert. Sie vermitteln uns heute einen lebendigen Eindruck ihrer einstigen Ausgestaltung und Nutzung unter Franziska von Hohenheim und Herzogin Henriette.

Schloss Filseck – aus dem Dornröschenschlaf erwacht

Zwischen Uhingen und Göppingen erhebt sich über dem unteren Filstal malerisch Schloss Filseck, dessen Anfänge auf die Zeit um 1230 zurückgehen. Es war vermutlich Graf Egino von Aichelberg, ein Zeitgenosse des Stauferkaisers Friedrich I., der damals den Auftrag zum Bau einer Burg an dieser prägnanten Stelle erteilte. In den folgenden Jahrzehnten wechselte die Burg, die seinerzeit wahrscheinlich lediglich aus einem Wohnturm und Befestigungsmauern bestand, mehrfach den Besitzer.

Schließlich fiel sie in der zweiten Hälfte des 14. Jahrhunderts an die Herren Reuß von Reußenstein, in deren Besitz sie sich auch noch während des Bauernkrieges 1525 befand. Zu jener Zeit war Herr Reuß von Reußenstein Kommandant der nahe gelegenen Burg Hohenstaufen, die er angesichts der anstürmenden aufständischen Bauern rasch verließ. Zunächst floh er nach Filseck, wo seine Gattin kurz vor der Niederkunft stand, dann weiter nach Ulm. Die Bauern indessen sollen sich angesichts der bevorstehenden Geburt gnädig gezeigt und Filseck verschont haben.

Reußensteins Besitznachfolger, der Göppinger Bürgermeister Balthasar Moser, war dagegen aus ganz anderem Holz geschnitzt. Er erwarb die Burg

Schloss Filseck erhebt sich malerisch über dem Filstal.

1568 nur, um sich damit den Weg in den Adelsstand zu ebnen. Kaum war dem begüterten Unternehmer der begehrte Adelstitel verliehen worden, verkaufte er Filseck 1573 auch schon wieder.

Die Anlage verdankt ihr heutiges Erscheinungsbild ganz wesentlich Burkhard von Berlichingen, der den Besitz 1596 erwarb. Er veranlasste den Umbau der mittelalterlichen Burg zu einem ansehnlichen dreiflügeligen Renaissance-Schloss unter Einbeziehung des alten staufischen Wohnturms. Das Bauvorhaben war kaum begonnen worden, als Burkhard von Berlichingen, der im Dienst des württembergischen Herzogs Friedrich I. stand, unter dem Vorwurf der Veruntreuung von Geldern verhaftet wurde. Während seiner zweijährigen Haftzeit kümmerte sich seine Gemahlin Dorothea von Berlichingen um den weiteren Ausbau des Schlosses und gilt daher als die eigentliche Bauherrin von Filseck, dessen Nord- und Ostflügel unter ihrer Regie weitgehend ihr heutiges Aussehen erhielten. Gleichzeitig verfasste die tatkräftige Frau zahlreiche Briefe an Friedrich I., in denen sie um die Freilassung ihres inhaftierten Gatten bat. In der Cäcilienkirche von Uhingen erinnert ein Epitaph an Dorothea von Berlichingen, die 1606 starb.

Bis Mitte des 17. Jahrhunderts blieb das Schloss im Besitz der Nachfahren von Dorothea und Burkhard von Berlichingen. In der Folgezeit erlebte es mehrere Besitzerwechsel, ehe es 1721 von dem General-Leutnant Freiherr Carl Magnus Leutrum von Ertringen erworben wurde. Dieser ließ um 1733 den Ostflügel neu gestalten und einen Schlosspark anlegen. Unweit des Schlosses entstanden der nach Leutrums Frau Charlotte benannte Char-

Der Nordflügel des Schlosses vom Innenhof aus gesehen

lottenhof und der Charlottensee, der heute ein Biotop und beliebtes Naherholungsgebiet ist.

Gut zwanzig Jahre nach dem Kauf von Schloss Filseck geriet der Freiherr in finanzielle Schwierigkeiten, die schließlich zum Konkurs und zur Zwangsversteigerung der Leutrum'schen Güter führten. Daraufhin übernahm der Hauptgläubiger Christian I. von Münch Schloss Filseck, das von der Augsburger Bankiersfamilie allerdings nicht ständig bewohnt, sondern lediglich als Sommerresidenz genutzt wurde.

Über sechs Generationen blieb die Anlage im Besitz der Münchs, ehe das Geschlecht mit Oskar von Münch 1920 im Mannesstamm erlosch. Das Erbe fiel an den Freiherrn Arnold von Podewils, den Sohn von Oskars Schwester Gabriele, die mit Albrecht von Podewils verheiratet war.

In der ersten Hälfte des 20. Jahrhunderts wurde das Schloss vor allem landwirtschaftlich genutzt. Bereits seit 1906 bewirtschaftete die Familie Waggershauser die Güter nach den modernen Standards der Landwirtschaftlichen Hochschule Hohenheim, wo seit 1818 durch Forschungen und Versuche systematisch an der Entwicklung der Landwirtschaft gearbeitet wurde.

Die bemerkenswerteste Person dieser Pächterfamilie war Alfons Waggershauser, ein »progressiver Vorreiter in der Landwirtschaft«, wie er in der informativen Broschüre des Förderkreises Schloss Filseck bezeichnet wird. Unter Alfons Waggershauser kam der erste Ladewagen in Deutschland zum Einsatz, den er allerdings aufgrund seiner beschränkten finanziellen Mittel nicht

Ein kleines Rundbogen-Portal führt vom Innenhof in den Ostflügel.

zum Patent bringen konnte. Bis heute ranken sich zahlreiche Anekdoten um diesen eigenwilligen Charakter.

1968 kündigte Margarethe von Rohr, die zweite Gemahlin von Freiherr Arnold von Podewils und seit 1953 Besitzerin des Schlosses, den Pachtvertrag mit der Familie Waggershauser. In den Jahren danach stand das Gebäude leer. 1971 kam es zu einem verheerenden Brand, dem die Ökonomiegebäude im Süden und Westen sowie die Bäume im Innenhof zum Opfer fielen. Bald darauf verkaufte Margarethe von Rohr das schwer beschädigte Schloss an den Stuttgarter Fabrikanten Manfred Beck. Da jedoch jeglicher Versuch, das marode Gebäude einer sinnvollen Nutzung zuzuführen, scheiterte, stand es weiterhin jahrelang leer und wurde von Obdachlosen als Unterschlupf genutzt.

Schließlich erwarb der Landkreis Göppingen 1986 die »Ruine mit

Ausstellungsräume im Dachgeschoss von Schloss Filseck

Landkreis Göppingen ausgewählt. Vom Originalinventar der Säle ist fast nichts mehr vorhanden: Im Münch-Saal wurden die ornamentalen Wandmalereien und das bandellierte Fachwerk wiederhergestellt; im Leutrum-Saal, der für Konzerte genutzt wird, und im Berlichingen-Saal befin-

Dach«. Die Fördermittel des Landesdenkmalamtes, die Unterstützung der Gemeinde Uhingen und das Engagement des Förderkreises Schloss Filseck e. V. ermöglichten 1989 bis 1994 die Instandsetzung des Nord- und Ostflügels sowie den Neubau des abgebrannten Süd- und Westtraktes. Und so erstrahlt das Schloss nach einer langen und wechselvollen Geschichte mittlerweile wieder im alten Glanz.

Heute ist das Hauptportal der Vierflügelanlage, die im Nordwesten und im Nordosten mit Ecktürmen versehen wurde, verschlossen. Man betritt den rechteckigen Innenhof durch das große Eingangstor des neu errichteten Südflügels. Der alte runde Treppenturm in der Nordostecke des Hofes, der mit Wappendarstellungen geschmückt ist, führt zu verschiedenen Sälen im Obergeschoss.

Die Namen dieser Räume erinnern an die früheren Schlossbesitzer und wurden nach der Sanierung vom

den sich zwei Kastenöfen, deren Wappendarstellungen an ihre Namensgeber erinnern; im Waggershauser-Zimmer, das ebenfalls für Veranstaltungen gemietet werden kann, findet sich ein bemalter Biedermeierschrank. Der mächtige Barockschrank im Moser-Saal des neu errichteten Westflügels gehört dagegen nicht zur Originalausstattung des Schlosses. Er stammt aus dem Bestand von Schloss Liebenstein in Göppingen-Jebenhausen und wurde durch den Förderkreis für Filseck erworben.

Das liebevoll restaurierte Schloss ist heute wieder mit neuem Leben erfüllt. Es beherbergt nicht nur das Kulturamt des Landkreises Göppingen, das Kreisarchiv und die Kreisarchäologie, sondern dient auch als Veranstaltungsort für Konzerte und Ausstellungen. In der ehemaligen Dürnitz ist das Schlossrestaurant untergebracht und im Dachgeschoss eine sehenswerte und informative ständige Ausstellung zur Schlossgeschichte.

Schloss Göppingen – Kursitz mit Rebenstiege

1688 wurde in Nördlingen eine »Beschreibung des uralten heilsamen Sauerbrunnen Bey der Hochfürstlichen württembergischen Statt Göppingen« gedruckt. Ein praktischer Arzt berichtet darin »wohlmeinend« – so die Einleitung – »Von desselben Gelegenheit / Chimischer Probe / heilsamer Wirkung und ordentlichem Gebrauche / aus eigener zwanzigjähriger Erfahrung zur Ehre Gottes und Nuzzen des Nächsten«. Damit nicht genug des Lobes, in seinen Augen ist der Sauerbrunnen der »Göppingische Bethesda« – die berühmte Doppelteichanlage mit dem heilkräftigen Wasser nördlich des Tempels von Jerusalem.

Bereits rund 130 Jahre zuvor hatte der schwäbische Bethesda dem württembergischen Herzog Christoph zur Linderung seiner Leiden verholfen. Er war gesundheitlich angeschlagen, woran sein ungesunder Lebenswandel sicherlich nicht ganz unschuldig gewesen sein dürfte, denn er genoss – durchaus typisch für einen Renaissancefürsten – reichlich vom Wein und von üppigen Mahlzeiten. Der Herzog litt unter rheumatischen Beschwerden

Im Göppinger Schloss ist heute das Amtsgericht untergebracht.

und starb bereits 1568 im Alter von nur 53 Jahren.

Eine Vielzahl von Baumaßnahmen geht auf Herzog Christoph zurück. Er ließ etliche Schlösser neu errichten und noch mehr bereits bestehende Anlagen um- beziehungsweise ausbauen. Getrieben war er dabei nicht von der reinen Baulust, wie wir sie rund 200 Jahre später bei Herzog Carl Eugen antreffen, sondern vor allem von praktischen Notwendigkeiten. Zum einen mussten die Landesfestungen – wie zum Beispiel Schorndorf – nach den neuesten fortifikatorischen Gesichtspunkten ausgebaut werden, zum anderen galt es, überall im damaligen Württemberg Präsenz zu zeigen.

Beim Bau des Göppinger Schlosses stand jedoch ein ganz anderes Motiv im Vordergrund: die herzogliche Gesundheit. Die Kur im Sauerbrunnen, der später zu seinem Gedenken den Namen »Christophsbad« erhielt, hatte ausgesprochen positiv angeschlagen und der Herzog gedachte, davon noch des Öfteren zu profitieren. Als angemessene Unterkunft für seine weiteren Kuraufenthalte ließ er sich 1550 bis 1568 – sozusagen vor Ort – das Schloss in Göppingen errichten.

Die Stadt war eine Gründung des bedeutenden schwäbischen Adelsgeschlechts der Staufer, dessen bekanntester Spross Kaiser Friedrich I. Barbarossa ist. Wenige Kilometer nordöstlich von Göppingen befand sich ihre um 1070 errichtete Stammburg, die heute nur noch als Burgruine Hohenstaufen existiert, da sie im Bauernkrieg 1525 zerstört worden ist. Im Lauf der Zeit wurden die Reste abgetragen und als Baumaterial verwendet. Auch beim Bau von Herzog Christophs Göppinger Schloss sollen Mauerreste von Hohenstaufen zum Einsatz gekommen sein.

Herzog Christoph betraute den Architekten Aberlin Tretsch, der in seinem Auftrag bereits die alte Stuttgarter Burg in ein Renaissance-Schloss umgestaltete, mit den Entwürfen zum Bau des Göppinger Schlosses. Dabei stand ihm – ebenso wie in Stuttgart – der Baumeister Martin Bewart zur Seite, der über hohe fachliche Qualifikationen verfügte.

Ebenso wie das Alte Schloss in Stuttgart, präsentiert sich auch der Göppinger Bau als eine Vierflügelanlage, deren Äußeres weitgehend schmucklos und einfach gestaltet wurde. Dabei ist die Entstehungsgeschichte der beiden Gebäude recht unterschiedlich. Göppingen war ein Neubau, der anstelle einer alten Burg entstand, während in Stuttgart eine mittelalterliche Burg zu einer vierflügeligen Renaissance-Anlage umgestaltet wurde.

Die schlichte, fast kahle Außenfassade des Göppinger Schlosses mit seinen bescheiden zurückhaltenden Eckpavillons zeigt als einziges schmückendes Element ein prächtig gestaltetes Schlossportal. Es wurde möglicherweise von Hans Neu geschaffen, dem auch die berühmte Rebenstiege des Schlosses zu verdanken ist. Das hohe Schlossportal findet seinen oberen Abschluss in der plastischen Darstellung zweier Löwen, die Wappenschilde halten. Zwischen diesen sind zwei liegende Hirsche zu sehen, die man wohl als Anspielung auf die drei

Blick in den Innenhof des vierflügeligen Schlosses

Hirschstangen des württembergischen Stammwappens und die Wappenhalterfunktion der Hirsche verstehen darf.

Verspielte Wandpfeiler mit reich geschmückten Kapitellen umrahmen die beiden Zugänge, aus denen sich das Portal zusammensetzt. Auf der linken Seite führt eine rundbogige, sehr hohe und breite Durchfahrt in den Innenhof, daneben liegt ein schmaler, niedriger und bescheidener Zugang. Auch der rechteckige Innenhof zeigt sich weitgehend ohne schmückende Elemente. Lediglich die Ziergiebel und die drei Treppentürmchen lockern die strenge Gestaltung etwas auf. Eines der Türmchen beinhaltet die Dienerschaftstreppe, die auch als »Silbertreppe« bezeichnet wird. Der Name

verweist nicht etwa auf eine besonders prächtige Gestaltung, sondern erinnert daran, dass zu den zahlreichen Dingen, die auf diesem Weg nach oben getragen wurden, auch das Tafelsilber gehörte.

Der südwestliche Treppenturm war der Zugang zu den Gemächern von Herzog Christoph und seiner Familie im ersten Stock. Sein Eingangsbereich ist ganz besonders prächtig gestaltet und präsentiert das Allianzwappen von Herzog Christoph und seiner Gemahlin Anna Maria, einer Tochter von Markgraf Georg dem Frommen von Brandenburg-Ansbach.

Das Glanzstück des Schlosses ist die reich geschmückte Rebenstiege im südwestlichen Treppenturm. Ein Meisterwerk der Steinmetzkunst. An

Erbprinz Friedrich Ludwig (1698–1731) mit seiner Gemahlin Henriette Marie (1702–1782), einer Tochter des Markgrafen Philipp Wilhelm von Brandenburg-Schwedt. Henriette Marie lebte als Witwe zeitweise im Göppinger Schloss. Gemälde von Antoine Pesne, um 1716

der Unterseite der freitragenden Wendeltreppe rankt sich ein prächtiger steinerner Rebstock, zwischen dessen Blättern und Früchten sich zahlreiche Tiere tummeln. Neben einheimischen Arten wie Amsel, Drossel, Eule, Frosch und Eichhörnchen entdeckt der faszinierte Betrachter auch exotisches Getier: einen Papageien und zwei Äffchen. Darüber hinaus bevölkern ein Bär und eine Wildsau die heitere Szenerie, in der der Künstler auch sein Konterfei verewigt hat.

Mit dem Wildschwein verbindet sich eine besondere Anekdote, deren Wahrheitsgehalt allerdings nicht ganz

sicher verbürgt ist. Während der Arbeit an der Rebenstiege wurde Hans Neu vom Herzog aufgefordert, sorgsam vorzugehen und »keine Sau« zu machen, also nichts zu versauen. Der Künstler beantwortete die herzogliche Ermahnung mit feiner Ironie und bereicherte die Fauna der Rebenstiege durch die legendäre Wildsau.

Ursprünglich waren die verspielten Darstellungen an der Treppenunterseite in wesentlich kräftigeren Farben gehalten, was ihre Intensität deutlich gesteigert haben dürfte. Leider ging diese farbenfrohe Ausgestaltung im Zuge von Restaurierungsmaßnahmen in den 70er-Jahren des letzten Jahrhunderts verloren.

Nach Herzog Christophs Tod 1568 zeigten seine Nachfahren zunächst wenig Interesse an dem noch nicht gänzlich fertig gestellten Göppinger Schloss. Unter den folgenden Generationen blieb das Schloss weitgehend unbeachtet und unbenutzt, weshalb auch bis ins 18. Jahrhundert keine weiteren Baumaßnahmen mehr erfolgten. Das änderte sich erst mit dem Tod von Herzog Friedrich Ludwig 1731, dessen Gattin Henriette Marie Göppingen als Witwensitz zugewiesen bekam.

Henriette Marie stand in enger Verwandtschaft zum preußischen Königshaus. Ihr Vater Markgraf Philipp Wilhelm von Brandenburg-Schwedt war ein Halbbruder des ersten preußischen Königs. Ihre eheliche Verbindung mit dem württembergischen Thronfolger Friedrich Ludwig war also für das Herzogtum durchaus vorteilhaft – für ihre Person allerdings weniger. Denn wie so viele fürstliche Ehen, die aus poli-

Die Innenräume sind heute überwiegend modern und funktional gestaltet.

tischen Erwägungen geschlossen wurden, war auch ihre nicht glücklich.

Nach dem frühen Tod ihres Gemahls wurde die Situation für die noch nicht einmal dreißigjährige Witwe noch bedrückender. Sie empfand das Leben im längst nicht mehr zeitgemäßen Göppinger Schloss, das nur notdürftig für ihre Bedürfnisse umgestaltet worden war, als eintönig und vermisste die Annehmlichkeiten des Hoflebens.

Henriette Marie war eine begeisterte Reiterin und konnte die Trostlosigkeit ihres Witwendaseins in Göppingen wenigstens durch ihre geliebten Ausritte etwas mildern. Daher ließ sie im Schlossgarten an der Nordseite des Schlosses ein Reit- und ein Kutschenhaus errichten, die heute allerdings nicht mehr vorhanden sind. 1960 wurde der ehemalige Schlossgarten in einen Stadtpark umgewandelt, in dem

sich der moderne Stauferbrunnen befindet. Sein Wasserbecken wird von drei staufischen Löwen getragen, die an das schwäbische Adelsgeschlecht und seine große Bedeutung erinnern.

Dank ihrer engen Verbindung zum preußischen Königshaus, hat es Henriette Marie doch noch geschafft, ihrem ungeliebten Witwensitz zu entfliehen. Zusammen mit ihrer Tochter Luise Friederike, dem einzigen Kind, das ihr nach dem frühen Tod ihres Sohnes Eberhard Friedrich geblieben war, übersiedelte sie an den preußischen Hof, wo sie endlich wieder am Leben einer prächtigen Residenz teilnehmen konnte. Schließlich erhielt sie Schloss Köpenick bei Berlin, wo sie 1782 im Alter von 80 Jahren starb.

Nur wenige Witwen der württembergischen Herrscher hatten nach dem Tod ihres Gatten die Möglichkeit, ihr restliches Leben wenigstens einiger-

Die reich geschmückte Rebenstiege im südwestlichen Treppenturm ist ein Meisterwerk der Steinmetzkunst.

gischen Witwen entfalteten häufig ein großes soziales Engagement.

Für einige Witwen war das »Withum« jedoch nichts anderes als ein Gefängnis, in dem sie bis zu ihrem Tod festgehalten wurden. Anna Maria, die Gemahlin des Bauherren von Schloss Göppingen verliebte sich nach dem Tod ihres Gatten – sie war erst 42 Jahre alt – in den Landgrafen Georg von Hessen-Darmstadt, der später ihre Tochter Eleonore heiratete. Ihren Kindern erschien die »späte Liebe« der Mutter offensichtlich befremdlich und peinlich, vielleicht befürchteten sie auch einen öffentlichen Skandal und politische Verwicklungen. Jedenfalls sorgten sie dafür, dass Anna Maria bis zu ihrem Tod 1589 in Schloss Nürtingen, das heute nicht mehr existiert, gefangen gehalten wurde. Unter diesen Umständen verwundert es nicht, dass die arme Frau an ihrem Lebensabend depressiv und suizidgefährdet war.

Nochmals wurde das Göppinger Schloss zum Gefängnis einer Herzoglichen Witwe, deren »Fehlverhalten« darin bestand, die Meinung ihres Sohnes nicht zu teilen. Maria Augusta aus dem Hause Thurn und Taxis, die Witwe des konvertierten Herzogs Carl Alexander war eine begabte und tatkräftige Frau, die es nach dem frühen Tod ihres Mannes verstand, politisch geschickt zu taktieren. Leider war sie für die damalige Zeit viel zu eigenwillig und zu eigensinnig. Als ihr Sohn Carl Eugen seiner 16-jährigen Schwester Augusta Elisabeth 1750 befahl, sich ins fürstliche Damenstift der Ursulinerinnen nach Metz zu begeben, erwartete er ganz selbstverständ-

maßen nach ihren eigenen Wünschen zu gestalten. Zumeist wurden sie in wenig genutzte, weit von der Residenz gelegene Schlösser abgeschoben und verbrachten ihre letzten Jahre in öder Langeweile, zuweilen auch in frömmlerischer Weltabgewandtheit. Für die Ortschaften, in denen sich ein solcher »Witben-Sitz« befand, konnten sich neben allen daraus resultierenden Beeinträchtigungen auch deutliche Vorteile ergeben. Denn die württember-

lich die widerspruchslose Befolgung seiner Anordnung. Aber das Mädchen wollte nicht und Maria Augusta besaß die Frechheit, ihrem Sohn die Stirn zu bieten. Daraufhin ließ Carl Eugen seine Mutter regelrecht festnehmen und zunächst in Heimsheim, dann im Göppinger Schloss gefangen halten. Dort verbrachte sie ihre letzten Lebensjahre einsam und ohne Kontakt zur Welt außerhalb ihrer Gefängnismauern, ehe sie 1756 im Alter von 49 Jahren starb.

So erlebte Maria Augusta den großen Göppinger Stadtbrand des Jahres 1782 nicht mehr, der außer der Stadtkirche und dem Schloss fast die gesamte Altstadt vernichtete. Herzog Carl Eugen, der sich höchstpersönlich und tatkräftig an den Löscharbeiten beteiligt haben soll, ließ unmittelbar nach der Brandkatastrophe den Wiederaufbau der Stadt planen. Dem Straßensystem wurde nun Rechtwinkligkeit verordnet und den Bürgern Größe und Aussehen ihrer zu errichtenden Privathäuser vorgeschrieben.

Viele Jahre später hielt sich Carl Eugens Großnichte Katharina mit ihrem Gatten Jérôme vorübergehend im Göppinger Schloss auf. Jérôme war der jüngste Bruder Kaiser Napoleons I. und von diesem zum König von Westfalen gemacht worden. Die verlorene Schlacht bei Waterloo stürzte 1815 nicht nur den Korsen selbst, sondern fegte auch seine gesamte Verwandtschaft von ihren Thronen.

Das ehemalige westfälische Königspaar fand in Württemberg bei Katharinas Vater König Friedrich I. Zuflucht und erhielt von ihm als Ersatz für seine

Allianzwappen von Herzog Christoph und Anna Maria von Brandenburg-Ansbach über dem Portal des südwestlichen Treppenturms

verlorenen Titel die Ernennung zu Fürsten von Montfort. Nach dem kurzen Aufenthalt des Paares, das Württemberg schon bald danach wieder verließ, wurde es still um das Schloss, das man nach einiger Zeit anscheinend für so entbehrlich hielt, dass man die gesamte Inneneinrichtung verkaufte.

Heute ist in den Schlossräumen, die ihre einstige Dekoration weitgehend verloren haben, das Göppinger Amtsgericht untergebracht.

Schloss Wiesensteig – Residenz mit Elefant

Unweit des berühmt-berüchtigten Drackensteiner Hangs der Autobahn 8 Stuttgart–München befindet sich im malerischen Filstal das idyllische Städtchen Wiesensteig, der ehemalige Hauptort der gleichnamigen Herrschaft.

Die Entwicklung des 861 erstmals erwähnten Ortes hängt auf das Engste mit dem dortigen Benediktinerkloster zusammen, das 1130 in ein weltliches Chorherrenstift umgewandelt worden ist. Eine Legende nennt Graf Rudolf, den sagenhaften Stammvater der

Die ehemalige Vierflügelanlage war der Sitz der Grafen von Helfenstein-Wiesensteig.

Blick vom Innenhof auf den Südflügel, den so genannten Festsaalbau

Helfensteiner, als Stifter des Klosters. Wenngleich weder die Person Rudolfs noch seine angebliche Gründungstätigkeit historisch belegt ist, lässt sich doch mit Sicherheit sagen, dass die Entstehung des Klosters auf ein Familienmitglied der Helfensteiner zurückgeht.

Diese hatten ihren Stammsitz oberhalb von Geislingen an der Steige, auf der im 16. Jahrhundert weitgehend abgebrochenen Burg Helfenstein, und waren bis zu ihrem Aussterben die Herren von Wiesensteig.

1434 wurde erstmals ein Schloss in Wiesensteig erwähnt, wobei wir nichts über seine damalige Größe und Ausstattung wissen. Es spricht jedoch einiges für die Annahme, dass es sich lediglich um ein gehobenes Wohngebäude gehandelt hat, das vermutlich den Herren von Wiesensteig, Dienst-

mannen der Grafen von Helfenstein, als Sitz diente.

Schließlich ließ Graf Ulrich XVII. von Helfenstein an der heutigen Hauptstraße zwischen 1551 und 1555 um einen rechteckigen Innenhof eine Vierflügelanlage errichten, die der Wiesensteiger Linie der Helfensteiner als Residenz dienen sollte.

Neben dem Schloss entstand 1596 als einer der ersten seiner Art in Württemberg ein Lustgarten im italienischen Stil, der heute allerdings nicht mehr existiert. Dort wurden erstmals in Deutschland Kartoffeln angepflanzt – als Zierpflanzen! Ende des 16. Jahrhunderts galt die Kartoffel, die erst rund 50 Jahre zuvor von spanischen Eroberern eingeführt worden war, als wertvolle Besonderheit in Europa. Sie wurde als Zierpflanze in Botanischen

Allianzwappen von Graf Rudolf VI. von Helfenstein und Anna Maria von Staufen

Gärten und Schlossparks angebaut und diente zuweilen auch als exklusiver Haarschmuck adeliger Damen. Erst sehr viel später sollte die Knolle zu einem der wichtigsten Grundnahrungsmittel in Deutschland werden.

Das Wiesensteiger Schloss diente nur rund siebzig Jahre als Residenz des Grafengeschlechts, das 1627 im Mannesstamm ausstarb. Da die Linie Helfenstein-Blaubeuren bereits 1517 erloschen war, fiel der Besitz an Bayern und die Grafen von Fürstenberg, ehe er schließlich 1752 ganz an Bayern kam. Die neuen Herren nutzten das Schloss nun als Verwaltungssitz.

Der Besitzerwechsel hatte für die Bevölkerung von Wiesensteig weitrei-chende Folgen: Die von den Helfensteinern reformierte Stadt wurde rekatholisiert und damit zu einem Angriffsziel für die protestantischen Schweden während des Dreißigjährigen Krieges. Kurz bevor der Westfälische Frieden 1648 den Konflikt beendete, überfielen schwedische Truppen die Stadt und brannten sie fast vollständig nieder. Nur wenige Gebäude entgingen der Zerstörung.

1806 fiel Wiesensteig an Württemberg und bildete zunächst zusammen mit den Ortschaften Neidlingen und Ochsenwang ein Oberamt, dessen Verwaltung im ehemaligen Residenzschloss der Helfensteiner untergebracht wurde. Nachdem jedoch 1810 das

Rundfenster, so genannte Ochsenaugenfenster, an der Außenfassade

neue Oberamt Geislingen entstanden war, wurde das Gebäude nicht mehr als Verwaltungssitz benötigt, verkauft und zwei Jahre später bis auf den Süd-flügel, den so genannten Festsaalbau, abgerissen. In der Folge wurde es von mehrfach wechselnden Eigentümern als Speicher, Wohngebäude, Nota-riat, Arztpraxis und Poststelle genutzt – und leider stark vernachlässigt.

Erst 1983 bis 1986 erfolgte eine grundlegende Sanierung des mittler-weile maroden Schlosses, das dringend vor dem drohenden Verfall gerettet wer-den musste. Die Jahreszahl 1983 auf der Wetterfahne des niedrigen Rundturmes im Innenhof erinnert an den Baubeginn der Instandsetzungsmaßnahmen.

Seither fand die ehemalige Residenz eine neue Nutzung als Bürgerhaus und Veranstaltungsort.

Über dem an der heutigen Haupt-straße gelegenen Hauptportal des Schlosses ist die Jahreszahl 1600 und das Allianzwappen von Graf Rudolf VI. von Helfenstein und seiner Ge-mahlin Anna Maria von Staufen zu sehen. Dabei sticht das Wappentier des Grafen ins Auge: ein über drei Berg-spitzen schreitender Elefant auf rotem Feld. Einer Sage zufolge sollen sich die Helfensteiner dieses exotische Wap-pentier zur Deutung ihres Namens als »Helefanten« ausgewählt haben.

Und so begegnen wir dem Elefanten der Grafen von Helfenstein noch häufiger in Wiesensteig. Besonders bemerkenswert ist der aufrecht stehende »Helefant« auf der Säule des Marktbrunnens, der die Wappentafel der Grafen mit seinen Vorderfüßen empor hält. Vermutlich hat der Handwerker, von dem diese Plastik stammt, niemals einen lebendigen Elefanten oder eine lebensechte Abbildung von diesem Tier gesehen. Denn sein Werk zeigt ein Geschöpf, das nur mit einiger Mühe als Elefant zu erkennen ist: Die Stoßzähne sind seltsam gerade und viel zu lang dargestellt, während der Rüssel befremdlich kurz, gedrungen und dick erscheint.

Vom Hauptportal des Schlosses, das durch ein Holzportal verschlossen werden konnte, führt ein rundbogiger gepflasterter Durchgang in den einstigen Innenhof, der sich heute nüchtern und kahl präsentiert. Auch der noch vorhandene Südflügel des Schlosses zeigt sich in seiner äußeren Gestaltung weitgehend schnörkellos und bietet als schmückendes Element neben dem bereits erwähnten Allianzwappen lediglich eine auf die Fassade gemalte Sonnenuhr. Die Strenge des »massiven Steinkastens« wird allerdings durch Rundfenster, so genannte Oculus-, also Ochsenaugenfenster, gelockert. Diese vermitteln gleichzeitig den Eindruck, der Bau würde drei Stockwerke umfassen. Tatsächlich verfügt das Schloss aber lediglich über zwei Stockwerke, eines davon ein so genanntes Mezzaningeschoss, also eine Etage, die nur halb so hoch wie die andere ist, wobei die geringere Höhe im Außenbereich durch kleinere Fenster zum Ausdruck kommt.

Die Grafen von Helfenstein und ihre Nachfolger haben in Wiesensteig zahlreiche bauliche Spuren hinterlassen. Einige Meter westlich vom Schloss befindet sich neben dem ehemaligen Schlossgarten an der Hauptstraße die einstige kurfürstlich-bayrische Geschichtsschreiberei, in der seit dem Übergang der Stadt an Württemberg 1806 die Stadtapotheke untergebracht ist. Auch der nach Norden gelegene Bau hinter der Stadtapotheke steht in engem Zusammenhang mit der Helfensteiner Residenz. Der im Jahr 1562 errichtete so genannte Pferdestall, der zum Schloss gehörte, diente zunächst als Wohnmöglichkeit, später als Fruchtkasten und Pferdestall und wird heute als privates Wohnhaus genutzt. Seine Nordseite sitzt auf den Resten der alten Stadtmauer auf, von der an dieser Stelle allerdings nur noch der in das Gebäude integrierte Teil existiert.

Neben diesem bescheidenen Mauerrest blieb nur noch die südöstliche Ecke der ehemaligen Stadtbefestigung erhalten. Auf ihr sitzt das 1513 errichtete einstige Mang- und Färbhaus, das den Grafen von Helfenstein zeitweise als Fruchtkasten diente. Es zählt zu den wenigen Gebäuden in Wiesensteig, die die kriegerische Zerstörung von 1648 überlebt haben und ist heute das älteste noch erhaltene weltliche Bauwerk der Stadt.

Schloss Donzdorf – *Sitz der Grafen von Rechberg*

*B*ei Schwäbisch Gmünd erheben sich majestätisch die drei Kaiserberge: Hohenstaufen, Stuifen und der Rechberg. Letzterer war einst Ort des Stammsitzes der Herren von Rechberg, eines alten schwäbischen Adelsgeschlechts, das in staufischen Diensten stand und über umfangreichen Landbesitz verfügte. Bis ins 16. Jahrhundert hinein bewohnte die Familie ihre Stammburg, die übrigens nicht durch kriegerische Auseinandersetzungen, sondern infolge eines Blitzschlags zerstört wurde und heute zu den schönsten Burgruinen des Schwabenlandes zählt.

Das quadratische Schloss von Donzdorf mit seinen markanten Ecktürmchen

Der ehemalige Schlosspark ist seit 1992 öffentlich zugänglich und heute ein beliebtes Naherholungsgebiet im Zentrum von Donzdorf.

1568 ließ der Kaiserliche Rat Hans von Rechberg zu Illereichen-Scharfenberg im nahe gelegenen Donzdorf bei einem bereits bestehenden Schloss aus dem 15. Jahrhundert ein neues Schloss als Wohnsitz für sich und seine Familie errichten. Das Neue Schloss ist ein quadratischer dreigeschossiger Bau, der sich, abgesehen von seinem sehr schönen Renaissanceportal, ohne schmückendes Beiwerk präsentiert. Zudem vermitteln die auffällig kleinen, regelmäßig angeordneten Fensteröffnungen ein Bild der Strenge. Dieses wird lediglich durch vier mar-

kante achteckige Ecktürmchen mit haubenartigen Kupferdächern aufgelockert.

1775 bis 1780 wurden die Schlossgemächer prächtig und aufwändig ausgestaltet, wovon allerdings nichts erhalten blieb. Denn im 19. Jahrhundert erfolgte dem Geschmack der Zeit entsprechend eine vollkommene Neudekoration der Räume.

Mit der Errichtung des Küchenbaus unter Graf Otto Ulrich erhielten das Alte und das Neue Schloss durch diesen Mitteltrakt im 19. Jahrhundert eine bauliche Verbindung. Im Süden des

Das Schloss dient nicht nur als Verwaltungsgebäude und Veranstaltungsort, sondern beherbergt auch ein edles Schlossrestaurant.

Schlosses entstand 1764/65 ein Schlosspark, der im Stil des Barockzeitalters als streng geometrische Gartenanlage gehalten war. Davon ist heute allerdings nichts mehr zu sehen, denn der ummauerte Park, der seit 1992 für die Öffentlichkeit zugänglich ist, wurde zu Beginn des 19. Jahrhunderts zu einem Englischen Landschaftsgarten umgestaltet. Er ist heute ein beliebtes Naherholungsgebiet im Zentrum der Ortschaft.

Den 1179 erstmals erwähnten Herren von Rechberg unterstand lange der Ort Donzdorf, der in einem Seitental des Filstales, rund zwölf Kilometer von Göppingen entfernt liegt. Wie die übrigen reichsritterschaftlichen Gebiete wurde auch die Herrschaft Rechberg 1806 im Zuge der Mediatisierung durch Napoleon I. ihrer Souveränität beraubt. So fiel Donzdorf zunächst an Bayern und 1810 an Württemberg. Zum Trost erhielt Freiherr Maximilian Emanuel von Rechberg und Rothenlöwen den Grafentitel.

1992 übergab der Graf Albert Germanus von Rechberg und Rothenlöwen das Schloss an die Stadt Donzdorf, die es seit 1995 als Verwaltungsgebäude und Veranstaltungsort nutzt.

Burgschloss Schorndorf – eine Landesfestung

*A*ls Dorf »uff dem Sand« wurde das rund 25 Kilometer östlich von Stuttgart im Rems-Murr-Kreis gelegene Schorndorf 1235 erstmals urkundlich erwähnt. Die seinerzeit wohl eher unbedeutende Anlage ging 1250 an Graf Ulrich I. von Württemberg, der auch die Beinamen »der Stifter« und »der mit dem Daumen« trägt. Solche Beinamen, die zumeist persönliche Eigenheiten oder körperliche Ausprägungen widerspiegeln, waren bereits seit der Antike weit verbreitet und dienten dazu, verschiedene gleichnamige Mit-

glieder einer Familie zu unterscheiden. Die heute geläufige Nummerierung erfolgte erst in späteren Jahren. Als Stifter wird Graf Ulrich bezeichnet, da er häufig als der eigentliche Stammvater des Hauses Württemberg betrachtet wird, was allerdings nicht als historisch gesichert betrachtet werden darf. Den Namen »der mit dem Daumen« trägt er, weil dieser angeblich ungewöhnlich groß gewesen sein soll.

Mitte des 13. Jahrhunderts brachte der Niedergang der Staufer den seinerzeit noch recht unbedeutenden

Das Burgschloss Schorndorf, eine mächtige Vierflügelanlage mit wuchtigen Ecktürmen

Grafen von Württemberg, die nicht über ein geschlossenes Territorium, sondern lediglich über einen Flickenteppich herrschten, etliche Gebietszugewinne in Süddeutschland. Dadurch erhielt das Dorf »uff dem Sand«, das nun quasi den östlichen Grenzposten der Grafschaft Württemberg bildete, plötzlich eine strategische Bedeutung. Aus diesem Grund ließ Graf Ulrich im Osten des Dörfchens eine befestigte Stadt anlegen.

Rund 300 Jahre später erhielt Schorndorf unter Herzog Ulrich von Württemberg eine besondere Bedeutung. Dieser war 1519 vom Schwäbischen Bund aus seinem Land vertrieben worden, nachdem er die freie Reichsstadt Reutlingen unter einem Vorwand überfallen hatte. Erst 15 Jahre später ebnete ihm die Einführung der Reformation die Rückkehr nach Württemberg. Wobei es allerdings bis heute umstritten ist, ob er sich aus echter Überzeugung oder aus politischem Kalkül der Reformation zuwandte.

Die Einführung der Reformation und der Anschluss an den Schmalkaldischen Bund, eine Vereinigung der protestantischen Fürsten, brachte dem Herzog neue, sehr einflussreiche Feinde, allen voran Kaiser Karl V. Daher begann Ulrich schon bald nach seiner Rückkehr, zur Sicherung seiner wiedererlangten Herrschaft die Landesverteidigung zu verbessern. An sieben strategisch wichtigen Orten in Württemberg ließ er Landesfestungen bauen, darunter auch Schorndorf.

Vermutlich an der Stelle eines früheren Wasserschlosses wurde ab 1538 das heutige Burgschloss als Teil

Der Innenhof des Burgschlosses

der Landesfestung Schorndorf errichtet, die damals als die stärkste Stadtbefestigung im ganzen Herzogtum galt. Die mächtige Vierflügelanlage mit ihren dicken runden Ecktürmen war von wehrhaften Basteien umgeben, die nach den damals modernsten Gesichtspunkten der Kriegskunst angelegt wurden.

Obwohl Ulrichs Nachfolger, Herzog Christoph, die Landesfestung nochmals ausbauen ließ, wurde Schorndorf im Dreißigjährigen Krieg fast vollkommen zerstört. 1634 beschossen kaiserliche Truppen die Stadt, die bis auf zwei Wohngebäude, einen Teil der Hauptkirche und das Burgschloss abbrannte. Bereits 1688 wurde Schorndorf erneut von kriegerischen Auseinandersetzungen heimgesucht. Unter

Das Jagdschloss Herzog Christophs beim Schorndorfer Burgschloss

dem Vorwand, die Erbansprüche seiner Schwägerin Liselotte von der Pfalz zu sichern, hatte der französische Sonnenkönig Ludwig XIV. die Pfalz überfallen und war bis nach Württemberg vorgedrungen. Als französische Truppen von den Schorndorfern die Übergabe der Stadt forderten, zwangen die Bewohnerinnen den Magistrat, die Kapitulation zu verweigern, womit sie die Stadt retteten. Und so sind die mutigen Frauen als die »Weiber von Schorndorf« in die Geschichte eingegangen.

Sowohl die Basteien als auch die alte Stadtbefestigung sind heute fast völlig verschwunden. Allerdings wurden in den letzten Jahren in der gepflegten Grünanlage, die das Schloss umgibt, einige Reste der Schlossbastion freigelegt, neben denen eine Informationstafel die Grabungsbefunde erläutert.

Bis 1815 waren im Schorndorfer Burgschloss Soldaten stationiert. Seit 1835 beherbergt es verschiedene Ämter und Behörden.

Herzog Christoph, Ulrichs Sohn, ließ beim Burgschloss ein Jagdschloss errichten, das seinerzeit auch als Neues Schloss bezeichnet wurde. Der bescheidene Bau diente unter Christophs Nachfolgern vor allem als Unterkunft für württembergische Beamte, ehe er ab 1810 von dem jagdbegeisterten König Friedrich I. von Württemberg nochmals als Jagdschloss genutzt wurde. Nach dem Tod des Königs 1816 beherbergte es zunächst das Forstamt. Heute befindet sich das Finanzamt in den Räumen des einstigen Jagdschlosses, das durch einen modernen Anbau leider viel von seinem einstigen Charme eingebüßt hat.

Schloss Stetten – *Liebesnest und Witwensitz*

Inmitten der herrlichen Weinberge des Remstals erhebt sich weithin sichtbar die malerische Ruine Y-Burg bei der Ortschaft Stetten, die heute ein Ortsteil der Gemeinde Kernen ist. Vermutlich wurde die Burg zwischen dem 12. und dem 14. Jahrhundert von den Truchsessen von Stetten erbaut, in deren Besitz sich der Ort im Mittelalter befand.

Auch was die ersten Anfänge des heutigen Schlosses von Stetten betrifft, die vermutlich im 13. Jahrhundert zu suchen sind, kommt das Geschlecht der Truchsessen von Stetten als Bauherren in Frage.

Zu Beginn des 16. Jahrhunderts ging die Ortschaft in den Besitz der Familie Thumb von Neuburg über, die den Bonn'schen und den Liebenstein'schen Bau des Schlosses errichten ließen. Die etwas befremdlich anmutenden Namen dieser beiden Gebäudeteile gehen auf Jakob Bonn und Philipp Konrad Freiherr von Liebenstein zurück. Sie waren die Schwiegersöhne von Johann Friedrich Thumb von Neuberg und kauften ihm 1645 den Stettener Besitz ab.

Das heutige Erscheinungsbild des Schlosses, das Eberhard III. von Württemberg 1664/66 von den beiden Schwiegersöhnen erwarb, geht jedoch ganz wesentlich auf die Herzöge von Württemberg zurück. Bald nach dem Kauf ließ Eberhard III. den

Schloss Stetten im Remstal diente mehrfach als Witwensitz.

Malerischer Erker an der Kapelle

Liebenstein'schen Bau umgestalten, woran die Jahreszahl 1672 am Volutengiebel erinnert. In der prächtig gestalteten Kartusche darunter ist das herzoglich württembergische Wappen, vom Herzogshut bekrönt, zu sehen. Die Buchstabenfolge EH (oben) ZW (darunter) verweist auf den Bauherren Herzog Eberhard III. von Württemberg.

Bereits fünf Jahre später wurde Stetten zum Witwensitz seiner Schwiegertochter Magdalena Sibylla von Hessen-Darmstadt, der das Schloss und das Dorf bei ihrer nur drei Jahre zurückliegenden Vermählung zur Nutzung auf Lebenszeit überlassen worden waren. Die erst 25-jährige tief religiöse Witwe, die zahlreiche Kirchenlieder und Andachtsbücher verfasste, hat das Erscheinungsbild des Schlosses, insbesondere der Kapelle, durch ihre Frömmigkeit in ganz besonderer Art geprägt.

Über der Kapelle ließ sie sich ihr Schlafzimmer einrichten, das durch eine Öffnung mit dem Gotteshaus verbunden war, sodass sie in Zeiten von Krankheiten vom Bett aus am Gottesdienst teilnehmen konnte. Außerdem veranlasste sie die Ausgestaltung des Kapelleninneren nach ihren eigenen Vorstellungen. Die Decke sowie die Wände und Emporen erhielten grau in grau gehaltene Bemalungen, die keinen Gedanken an barocke Sinnlichkeit aufkommen lassen, aber Magdalena Sibyllas persönliches Verständnis eines religiösen Lebens widerspiegeln. Ein Zyklus von pietistisch geprägten Allegorien zeigt die Herzoginwitwe immer wieder zu Füßen von Jesus Christus und beinhaltet religiöse Ermahnungen an ihren Sohn Eberhard Ludwig, den sie gerne zum frömmsten Herzog Europas erzogen hätte. Diese Hoffnung erfüllte sich allerdings nicht; Eberhard Ludwig zeigte nur wenig Neigung, dem mütterlichen Wunsch zu folgen und sich von weltlichen Verlockungen fernzuhalten.

Magdalena Sibylla, die regelmäßig mit ihrem Dienstpersonal auf den Knien Hausandachten veranstaltete, war eine der ersten Vertreterinnen und

Das Erdgeschoss des Seitenflügels beherbergt die Kapelle.

Förderinnen der pietistischen Bewegung, die Ende des 17. Jahrhunderts aufkam und von ihren Anhängern die Abkehr von weltlichen Freuden, moralische Gesetzlichkeit und eine strenge Lebensführung forderte. Einer – historisch nicht verbürgten! – Anekdote zufolge soll sich die Herzoginwitwe in späteren Jahren allerdings ihr freudloses Dasein mit Stettener Wein versüßt haben, den sie zur Tarnung aus einem Deckelkrug trank, in dem sich angeblich Brotwasser befand. Und das

wiederum soll einem Stettener Wein zu dem Namen »Brotwasser« verholfen haben.

Der frommen Magdalena Sibylla, die ihr ganzes Leben als Vorbereitung auf das Jenseits betrachtet hatte, folgte in Stetten eine neue Besitzerin, deren Lebenshaltung und Persönlichkeit eine vollkommen andere war: Wilhelmine von Grävenitz, eine ebenso lebenslustige, intelligente, charmante und weltoffene wie berechnende und auf ihren Vorteil bedachte Frau. Sie war die Ge-

Die malerische Y-Burg bei Stetten im Remstal erhebt sich inmitten der Weinberge.

liebte von Eberhard Ludwig, der zeitweise sogar in Bigamie mit ihr lebte.

Bis heute hat sich in Württemberg das Bild von der »gottlosen Grävenitz« gehalten, der »Landesverderberin«, die angeblich »im Besitz aller Künste der Buhlerei« den Herzog mit Liebeselixieren und Gifttränken verhext haben soll und sogar für die Ausbreitung des Pietismus in Württemberg verantwortlich gemacht wurde.

1712 bekam Wilhelmine von Eberhard Ludwig Schloss Stetten als Besitz auf Lebenszeit und ließ 1722/23 einige Umgestaltungen daran vornehmen. Der Mitteltrakt erhielt einen Anbau im Westen, den so genannten Langen oder Neuen Bau. Wilhelmine von Grävenitz fühlte sich wohl in Stetten, das sie als Rückzugsort betrachtete. Häufig erhielt sie dort Besuch vom Herzog, und die beiden genossen dann die ungestörte Zweisamkeit abseits des Hoflebens.

Nach dem Sturz der »Nebenherzogin« Wilhelmine 1731 und dem Tod Eberhard Ludwigs 1733 fiel Schloss Stetten ausgerechnet an die ungeliebte und betrogene Ehefrau des Herzogs, Johanna Elisabeth von Baden-Durlach. Diese verbrachte zwar ihre 34 Jahre während Witwenzeit überwiegend im Kirchheimer Schloss, das ihr als Witwensitz zugewiesen worden war, hielt sich aber auch regelmäßig in Stetten auf, wo sie sich alljährlich einer Brunnenkur unterzog und schließlich 1757 starb. Anscheinend fühlte sich Johanna Elisabeth Stetten wesentlich mehr verbunden als ihrem Witwensitz Kirchheim, wo sie von der Bevölkerung nur wenig geschätzt worden sein soll. Dafür war sie in Stetten, wo sie sich engagiert um Not leidende Bewohner kümmerte, umso beliebter.

Gut hundert Jahre nach dem Tod der Herzoginwitwe wurde im Stettener Schloss die 1849 von dem Tübinger Arzt Dr. Georg Friedrich Müller gegründete „Heil- und Pflegeanstalt für schwachsinnige Kinder" untergebracht, deren Leitung 1863 Müllers Schwager, der bekannte Pädagoge Johannes Landenberger übernahm. Ein weiterer berühmter Name ist auf das Engste mit der Einrichtung verbunden: 1880 bis 1889 führte Dr. Hermann Wildermuth, der Sohn der schwäbischen Dichterin Ottilie Wildermuth, die Anstalt als ärztlicher Leiter.

Im »Dritten Reich« blieb auch Stetten nicht von den Verbrechen der Nationalsozialisten verschont, deren menschenverachtende Ideologie behinderte Menschen als »lebensunwertes Leben« einstufte. Heute erinnert ein Denkmal im Schlosshof an die 350 Bewohner der Anstalt, die in

Christine Wilhelmine von Grävenitz (1686–1744). Ölminiatur aus dem Jahr 1721

dieser Zeit deportiert und umgebracht wurden.

Mittlerweile wird das Schloss, dessen Innenräume nicht frei zugänglich sind, von der Diakonie Stetten genutzt, die hier unter anderem ihre Hauptverwaltung, Wohnräume der Behindertenhilfe und Heilpädagogische Werkstätten untergebracht hat. Die Nutzung durch die Diakonie brachte zwangsläufig einen gesteigerten Raumbedarf mit sich. Daher erhielt die Anlage mehrere moderne Gebäude, die bedauerlicherweise zum Teil ohne Rücksicht auf die historisch gewachsene Bausubstanz des Schlosses angefügt wurden.

Schloss Winnenthal – Heimat eines treuen Mopses

*I*m Mittelalter gehörte die Stadt Winnenden zu den wichtigen Stationen auf dem rund 2000 Kilometer langen, gefährlichen und beschwerlichen Pilgerweg zum Grab des Heiligen Jakobus in Santiago de Compostela im Nordwesten Spaniens. Einer Legende zufolge war der Leichnam des um 44 nach Christus unter Herodes Agrippa I. geköpften Märtyrers in einem Boot an die nordspanische Küste getrieben worden. Dort wurde 825 die Stadt Santiago de Compostela gegründet, die sich rasch zum Ziel zahlreicher Pilger entwickelte. Entlang der Pilgerwege entstand eine entsprechende »Infrastruktur«: Kirchen, Kapellen, einfache Unterkünfte und Wirtshäuser erfüllten die Wünsche der Pilger.

In Winnenden betrieb der Deutschherrenorden unweit des von ihm um 1300 errichteten Schlosses eine Pilgerherberge. In dieser fanden die zumeist nicht sehr betuchten Jakobspilger eine preisgünstige Übernachtungsmöglichkeit, die zudem Schutz vor Überfällen und Diebstählen bot. In der Schlosskirche St. Jakobus hatten sie Gelegenheit zur stillen Einkehr und zu Gebeten. Sicher hat so mancher von ihnen um

Die imposante Gartenseite von Schloss Winnenthal

Beistand auf dem gefahrvollen Weg zum Grab des Apostels gefleht.

Einer der bemerkenswertesten Hochaltäre der schwäbischen Spätgotik ziert seit 1520 die Schlosskirche, die heute von der evangelischen Kirchengemeinde genutzt wird. Der Jakobusaltar, der aus Tannen- und Lindenholz geschnitzt ist, stellt neben der Jakobus-Legende weitere Legenden, die mit dem Pilgerweg in Zusammenhang stehen, dar.

Der Deutsche Orden verkaufte das Schloss 1665 an Herzog Eberhard III. von Württemberg, der es zunächst als herzogliches Kammerschreibgut nutzte. In seinem Testament verfügte der Herzog, dass jeder seiner noch lebenden Söhne nach seinem Tod neben einer auskömmlichen Apanage eine angemessene Residenz erhalten sollte. So fiel das ehemalige Deutschordensschloss in Winnenden 1677 an seinen drittältesten Sohn Friedrich Carl und wurde für fast 60 Jahre zum Sitz der Seitenlinie Winnenthal, die jedoch bereits 1733 erlosch. In jenem Jahr starb der regierende württembergische Herzog Eberhard Ludwig, und Friedrich Carls Sohn, Carl Alexander, der nun der nächste in der Thronfolge war, übernahm die Herrschaft in Stuttgart, wodurch die bisherige Nebenlinie zur Hauptlinie wurde.

Nachdem Friedrich Carl Schloss Winnenthal erhalten hatte, ließ er zahlreiche Umbaumaßnahmen vornehmen. Zwischen 1683 und 1695 erweiterte der Barockbaumeister Matthias Weiss das Schloss beträchtlich. Gleichzeitig wurden auch die Innenräume neu ausgestattet. Von den

Das herzoglich-württembergische Wappen über dem monumentalen Gartendurchgang

Stuckdecken, die damals geschaffen wurden, sind heute allerdings aufgrund der späteren Nutzungen des Schlosses und der damit einhergehenden Veränderungen nur noch wenige Reste vorhanden. Lediglich im Betsaal blieb die alte Stuckdecke erhalten. Im Zuge der Neugestaltung erhielt das Schloss auch einen Verbindungsgang zur Schlosskirche, in die gleichzeitig eine Fürstenloge eingebaut wurde. Beides existiert heute nicht mehr.

Mit Schloss Winnenthal und Herzog Carl Alexander verbindet sich eine nette Anekdote: Carl Alexander, der bereits seit seinem zwölften Lebensjahr in kaiserlichen Diensten stand, kämpfte 1717 bei Belgrad gegen osmanische Truppen und verlor im Kampfgetümmel seinen heiß geliebten Mops. Das treue Tier lief die rund 1000 Kilometer lange Strecke nach Winnenden zurück,

Denkmal für Carl Alexanders treuen Mops im Schlosspark von Winnenden

sind daher nicht zu besichtigen. Der Schlossgarten ist jedoch ganzjährig für Patienten und Besucher geöffnet und bietet mit seinem teilweise noch alten Baumbestand, einem Teich, Pavillons und zahlreichen Pflanzen eine Oase der Ruhe und Entspannung am Rande des Stadtzentrums. Allerdings ist die sehr gepflegte Anlage leider durch neuere Funktionsbauten des Zentrums für Psychiatrie etwas beeinträchtigt.

Das Schloss selbst zeigt sich von außen stuck- und schnörkellos, mit einer glatten Fassade, die von keinem schmückenden Element aufgelockert wird. Über dem monumentalen Durchgang zum Garten erinnert das herzoglich württembergische Wappen an Winnenthals einstige Funktion als Sitz einer Nebenlinie des Hauses Württemberg.

Dem Schloss vorgelagert ist nicht nur ein kleines Spielhaus, eine ehemalige Kegelbahn, die heute allerdings leer steht und stark sanierungsbedürftig ist, sondern auch der so genannte Lenaubau. Das Backsteingebäude aus dem 19. Jahrhundert erinnert an den Lyriker Nikolaus Lenau, der dem »Seracher Kreis« um die schwäbischen Dichter Gustav Schwab, Ludwig Uhland, Justinus Kerner und Alexander von Württemberg angehörte. 1844 erlitt Lenau, der schon zuvor zu Depressionen geneigt hatte, einen Schlaganfall und fiel zunehmend in geistige Umnachtung, weshalb er drei Jahre in der »Irrenanstalt« Winnenthal verbrachte.

Im Lenauhaus, dessen Erdgeschoss das Schloss-Café beherbergt, erinnert eine kleine ständige Ausstellung an den schwermütigen Lyriker.

wo ihm sein überglückliches Herrchen später beim Schloss ein Denkmal errichten ließ: einen aufrechten Gedenkstein, auf dem sich der fast lebensgroße, modellierte Mops befindet. So wurde der treue Mops des Herzogs zum Wahrzeichen der Stadt Winnenden.

1834 wurde im Schloss eine Heilanstalt für psychisch Kranke eingerichtet, an deren ersten Direktor, Hofrat Dr. Albert Zeller, ein Gedenkstein im Garten erinnert. Heute werden die Schlossräume vom Zentrum für Psychiatrie Winnenden genutzt und

Schloss Oppenweiler – *Residenz derer von Sturmfeder*

Der Ritter war selbstverständlich stattlich – wie sich das für einen Ritter gehört –, dabei hatte er »hellbraune Haare, recht lang und glatt, freundliche dunkle Augen, das ganze Gesicht ein wenig bräunlich, aber hübsch«. So schilderte Wilhelm Hauff den fiktiven Helden Georg von Sturmfeder in seinem 1826 erschienenen Roman »Lichtenstein«. Die literarische Gestalt war einem realen Vorbild nachempfunden: Burkhard Sturmfeder, dessen Wirken ebenso wie das der Hauff'schen Romanfigur in die Zeit Herzog Ulrichs von Württemberg fällt, der 1519 aus seinem Land vertrieben wurde und erst 1534 zurückkehren konnte.

Die Sturmfeder waren ein wohlhabendes Geschlecht, dessen Existenz in Südwestdeutschland seit dem Hochmittelalter belegt ist, wobei seine Wurzeln vermutlich wesentlich weiter zurückreichen. Mit Burkhard Sturmfeder, einem Vorfahren jenes Burkhards, der ein Zeitgenosse Herzog Ulrichs war, wurde die Familie 1262 erstmals

Das achteckige Wasserschlösschen wurde 1782 errichtet.

Grabmal der Charlotte von Sturmfeder im Schlosspark

urkundlich erwähnt. 1293 begegnet uns ein weiterer Burkhard Sturmfeder, der sich als erster seines Geschlechts von Oppenweiler nannte. Wie viele seiner Vor- und Nachfahren stand er als Dienstmann in badischer Ministralität und wurde in dieser Funktion wohl Ende des 13. Jahrhunderts in die Ortschaft Oppenweiler nördlich von Backnang versetzt. Möglicherweise geht auf ihn die in jener Zeit errichtete Wasserburg zurück, an deren Stelle ab 1782 das heutige Schloss errichtet wurde.

Das Wappen der Sturmfeders ist ein »sprechendes«, ein Wappen also, das den Familiennamen bildlich darstellt: zwei aufgerichtete mittelalterliche Streitäxte, so genannte Sturmfedern.

Dorf und Burg Oppenweiler gingen 1430 als württembergisches Lehen an Heinrich Sturmfeder, dessen Nachkommen trotz Einführung der Reformation in Württemberg katholisch blieben. Daher vollzog sich der Konfessionswechsel in Oppenweiler nur langsam, was bis ins 19. Jahrhundert hinein für konfessionelle Auseinandersetzungen sorgte.

1782 veranlasste Georg Ernst von Sturmfeder den Bau des heutigen Wasserschlosses in der Ortsmitte von Oppenweiler, obwohl er überwiegend in Mannheim lebte, wohin er sich noch während der Bauzeit ganz zurückzog. Nun oblag die weitere Bauleitung seinem Sohn Carl Theodor, der sich allerdings ebenfalls zumeist in Mannheim aufhielt.

Auf einer Insel inmitten eines Sees mit drei Fontänen befindet sich das eigenwillige, achteckige, klassizistische Schlösschen, das man über eine steinerne Brücke erreicht. Der markante Bau zeigt in seiner äußeren Gestaltung eine strenge Gliederung, die weitgehend auf schmückende Elemente verzichtet. Lediglich die Eingangsseite präsentiert sich etwas aufwändiger. In typisch klassizistischer Manier umrahmen zwei Säulen das Portal, über dem sich ein Balkon erhebt. Die Inschrift darüber erinnert an die wesentlichen Bau- und Sanierungstätigkeiten: »Erbaut 1782. Renoviert 1854 + 1984«. Das Treppenhaus des Schlosses befindet sich genau in seiner Mitte und erhält durch einen achteckigen Dachaufbau Tageslicht.

Die Insel, auf der sich das Schloss befindet, ist von einem Englischen Landschaftsgarten umgeben, der von dem Landschaftsarchitekten Friedrich Ludwig Sckell, seit 1808 Ritter von Sckell, gestaltet wurde, der vor allem durch die Anlage des Englischen Gartens in München bekannt geworden ist. Ein Spaziergang durch den angenehm ruhigen und friedlichen Oppenweiler Schlossgarten führt zum Grabmal der Charlotte von Sturmfeder, die bereits in Alter von 40 Jahren starb. Der Gedenkstein, der für sie errichtet wurde, ist heute stellenweise so verwittert, dass die Inschrift an manchen Stellen kaum noch zu entziffern ist, obwohl einige Teile mittlerweile offensichtlich restauriert wurden:

»D. A. Charlotte von Sturmfeder, geborenen von Greiffenclau, der besten Gattin, Mutter, Christin gesetzt von ihren Kindern«, lautet die in den Sandstein gemeißelte Gedenkschrift auf der einen Seite, auf der anderen: »Gebo-

Das Treppenhaus in der Mitte des achteckigen Schlösschens

ren den 3ten Mai 1760 / Vermaehlt an Carl Theodor / Freiherr Sturmfeder / Von und zu Oppenweiler / Den 10ten Mai 1778 / Mutter von zehn Kindern / Wittwe den 13ten Hornung 1799 / Entschlafen den 13ten Juli 1800«. Darunter findet sich der Hinweis: »M. Pozzi. Fecit«, mit dem sich der in Mannheim geborene, aus einer italienischen Künstlerfamilie stammende Maximilian Pozzi verewigt hat. Interessant ist die Bezeichnung »Hornung« im Zusammenhang mit dem Sterbedatum Carl Theodors. Hornung ist der althochdeutsche Namen, mit dem Karl der Große den Februarius des Julianischen Kalenders benannte. Sowohl diese Bezeichnung als auch der Julia-

nische Kalender waren 1800 in Württemberg längst überholt.

Mit dem Tod von Carl Theodors Enkel, der ebenso wie sein Großvater den Namen Carl Theodor trug, starb das Geschlecht 1901 im Mannesstamm aus. Nach langwierigen Erbstreitigkeiten um den beträchtlichen Besitz der Sturmfeders fiel das Erbe schließlich 1904 an einen entfernten Verwandten Carl Theodors, Friedrich Karl Freiherr Horneck von Weinheim, der sich nun Sturmfeder-Horneck nannte.

Heute befindet sich das Wasserschloss im Besitz der Gemeinde Oppenweiler, die es als Rathaus und Veranstaltungsort für Kunstausstellungen und Konzerte nutzt.

Schloss Ludwigsburg – vom Jagdschlösschen zur Residenz

Eines der bevorzugten Jagdgebiete der württembergischen Herzöge befand sich rund 15 Kilometer nördlich von Stuttgart, der damaligen Hauptstadt des Herzogtums, im Umfeld der heutigen Stadt Ludwigsburg, die allerdings erst später gegründet werden sollte. Das dortige Jagdhaus Erlachhof wurde in den letzten Jahren des 17. Jahrhunderts im Zuge des Pfälzischen Erbfolgekrieges von Truppen des französischen Königs Ludwig XIV. niedergebrannt.

Wenige Jahre später veranlasste der württembergische Herzog Eberhard Ludwig den Bau eines neuen Jagdhauses als Ersatz für den zerstörten Erlachhof. Etwas Größeres war zu diesem Zeitpunkt nicht geplant. Weder der Herzog noch einer seiner Untertanen hätte damals damit gerechnet, dass aus diesem Jagdhaus einmal ein gewaltiges Barockschloss mit einer imposanten Gartenanlage und eine quasi auf dem Reißbrett entworfene zeitweilige Residenzstadt entstehen sollten.

Zunächst entstand seit 1704 im Norden der heutigen Anlage der Fürstenbau, der mittlerweile als »Altes Corps de Logis« bezeichnet wird. Seine Voll-

Der südliche Garten vor dem Neuen Corps de Logis

*Die Ahnengalerie in Schloss Ludwigsburg: Das Deckenfresko
malte Carlo Carlone 1731 bis 1733.*

endung erfolgte unter dem Architekten Johann Friedrich Nette, dem der Herzog 1707 die Leitung des Bauwesens übertragen hatte. In den nächsten Jahren folgten im Westen der Ordensbau und im Osten der Riesenbau. Beide wurden durch Galerien mit dem Fürstenbau verbunden, die ihren Abschluss in einem Jagd- und einem Spielpavillon fanden. Die so entstandene Dreiflügelanlage, die bis 1714 weitgehend fertig gestellt war, beherbergte Wohnräume und mehrere Festsäle und bot damit den adäquaten Rahmen für prunkvolle Feierlichkeiten und Jagdveranstaltungen des Hofes.

Audienzzimmer im Appartement der Erbprinzessin Henriette Marie. Porträt rechts: Erbprinz Friedrich Ludwig, Porträt links: Henriette Marie als Witwe

Mehrere Gründe führten dazu, dass Ludwigsburg in den folgenden Jahren zu einer der größten Schlossanlagen Deutschlands ausgebaut werden sollte: Da war zunächst das (alte) Stuttgarter Schloss, das längst als nicht mehr zeitgemäß empfunden wurde. Es konnte dem gesteigerten Repräsentations-bedürfnis eines barocken Herrschers, der nach Höherem strebte und auf die Königs- oder wenigstens Kurfürsten-würde hoffte, nicht mehr genügen. Wie alle Fürsten seiner Zeit orientierte sich auch Eberhard Ludwig an der prächtigen Hofhaltung des französischen Sonnenkönigs Ludwig XIV. und seiner

Vorzimmer im Appartement Herzog Carl Eugens im Neuen Hauptbau

pompösen Schlossanlage Versailles. Die aufwändigen Festivitäten und das vom Absolutismus geprägte Hofzeremoniell des »Roi Soleil« erforderten allerdings ein entsprechendes Raumprogramm und weitläufige Gartenanlagen. Beides war in Stuttgart nicht möglich.

Letztendlich dürfte auch Eberhard Ludwigs Beziehung zu Wilhelmine von Grävenitz eine Rolle gespielt haben. Angesichts der ständigen Kritik an dieser Verbindung war es nahe liegend, sich mit der Geliebten nach Ludwigsburg zurückzuziehen, während die verschmähte Ehefrau Johanna Elisabeth

von Baden-Durlach im Stuttgarter Schloss ausharrte.

Es lässt sich heute nicht mehr mit Sicherheit sagen, wann der Herzog beschloss, Ludwigsburg zunächst zu seiner zeitweiligen, später zu seiner ständigen Residenz zu machen. Vermutlich war diese Idee bereits geboren, als er nach dem überraschenden Tod seines Architekten Nette 1715 Donato Giuseppe Frisoni mit der weiteren Bauplanung beauftragte. Jedenfalls begann Eberhard Ludwig im selben Jahr, seine Hofhaltung sukzessive nach Ludwigsburg zu verlegen, wohin ihm nach und

*Für Herzog Carl Eugen und seine Gäste: das Hoftheater der Residenz.
Hier ein Blick von der Bühne in den Zuschauerraum*

nach alle Mitglieder des Hofes, Behörden, Militär und Hofbeamte folgten.

Bereits 1715 wurde mit dem Bau der Schlosskapelle begonnen, deren reiche Ausschmückung für ein protestantisches Gotteshaus in Württemberg außergewöhnlich prächtig ausfiel. Unter der Kapelle ließ Eberhard Ludwig eine Gruft anlegen, die – später in eine evangelische und eine katholische Abteilung unterteilt – bis zu König Friedrich die Hauptgrablege des Hauses Württemberg sein sollte und heute für die Öffentlichkeit nicht zugänglich ist.

Während die Schlosskapelle dem Riesenbau nach Osten hin vorgelagert wurde, entstand im Westen als ihr Gegenstück die Ordenskapelle in der Verlängerung des Ordensbaus. Diese wurde für den Hubertusjagdorden, den Eberhard Ludwig 1702 gegründet hatte, errichtet. Die aufwändigen Ordenszeremonien erforderten entsprechende Räumlichkeiten, weshalb der erste Ordenssaal 1713/14 im Riesenbau untergebracht wurde, wo er allerdings nur bis 1721 verblieb. Bereits ab 1718 entstand im Ordensbau ein größerer Ordenssaal, der nun zusammen mit der Ordenskapelle den würdigen Rahmen für die Feierlichkeiten des Hubertusjagdordens, an den zahlreiche Darstellungen im Schloss erinnern, bieten konnte.

An den Ordens- und den Riesenbau fügte Donato Giuseppe Frisoni, der seit 1717 von dem Baumeister Paolo Retti unterstützt wurde, mit dem er bis zur Fertigstellung des Schlosses 1733 in Ludwigsburg zusammenarbeitete, weitere Gebäudeteile an. Er verlängerte die Längsachsen beidseitig durch Kavaliersbauten, in denen sich jeweils vier Appartements für die ranghöchsten Hofbeamten befanden. Denn nach der offiziellen Verlagerung des Hofes und dem damit einhergehenden Umzug der Behörden in die neue Residenzstadt benötigte man dort angemessene Unterkünfte für die Hofbeamten, die nun zwangsläufig ebenfalls nach Ludwigsburg übersiedeln mussten.

Seinerzeit befanden sich in der Beletage des (Alten) Corps de Logis die Appartements von Eberhard Ludwig und seiner Schwiegertochter, während die Mätresse Wilhelmine von Grävenitz die Gemächer unter den Wohnräumen des Herzogs nutzte. Und nachdem der Ordenssaal 1821 vom Riesenbau in den Ordensbau verlegt worden war, entstanden dort Appartements zur Unterbringung weiterer Familienmitglieder.

Gleichwohl konnten die Wohnverhältnisse den Ansprüchen an eine fürstliche Residenz der Barockzeit auf Dauer nicht genügen. Zudem zeigten sich zwischenzeitlich auch schon die ersten Schäden an den Gebäuden, was den Aufenthalt in manchen Gemächern einfach nur ungemütlich, in anderen jedoch unmöglich machte. Alles in allem entsprach der Bau, der ja ursprünglich nur als Jagdschloss geplant war, mittlerweile nicht mehr den Erfordernissen einer zeitgemäßen Residenz.

Daher wurde ab 1724 im Süden der Anlage das gewaltige Neue Corps de Logis errichtet und durch zwei schmale Flügel, die Bildergalerie und die Ahnengalerie, mit dem östlichen und dem westlichen Kavaliersbau verbunden. So entstand aus der bisherigen Dreiflügelanlage eine Vierflügelanlage, die sich nun um einen riesigen, 160 Meter langen, rechteckigen Hof gruppierte.

Gleichzeitig erhielten die Kavaliersbauten im Außenbereich der Anlage zwei Anbauten. Im Westen wurde der Festinbau, im Osten das Theater angefügt. Damit waren die Schlossbauten im Wesentlichen fertig gestellt, wenngleich die Ausgestaltung der Innenräume in weiten Teilen noch auf sich warten ließ.

Herzog Eberhard Ludwig war es nicht vergönnt, die endgültige Vollendung des nach ihm benannten Schlosses zu erleben. Nachdem 1731 sein einziger Sohn, Erbprinz Friedrich Ludwig, ohne einen männlichen Nachkommen gestorben war, hatte der Herzog – wenngleich nach damaligen Gesichtspunkten schon im vorgerückten Alter – sozusagen die Pflicht, für einen Thronerben zu sorgen. Ansonsten war der Nächste in der Thronfolge Carl Alexander aus der Seitenlinie Winnenthal, der trotz all seiner Fähigkeiten von den Württembergern aufgrund seiner katholischen Konfession

Gesamtansicht der gewaltigen Anlage. Im Hintergrund Schloss Favorite

Herzog Eberhard Ludwig.
Porträt um 1720

Thronfolger zur Welt, was allerdings auch nicht verwundert, wenn man bedenkt, dass die herzoglichen Eheleute zu dieser Zeit bereits 55 und 51 Jahre alt waren.

Nach Eberhard Ludwigs Tod 1733 wurde es still in Ludwigsburg. Carl Alexander, der nun doch noch zum Nachfolger des verstorbenen Herzogs wurde, zeigte nur wenig Interesse an der riesigen Schlossanlage und ließ keine erwähnenswerten Baumaßnahmen dort durchführen. Das änderte sich erst unter seinem Sohn und Nachfolger Carl Eugen, der elf Jahre nach Eberhard Ludwigs Tod die Bautätigkeiten am Residenzschloss wieder aufnahm.

Der junge Herzog, der soeben im Alter von 16 Jahren mündig gesprochen worden war, richtete sein Hauptaugenmerk dabei auf das Neue Corps de Logis, wo er sich ein großzügiges Privatappartement einrichten ließ. Im Rahmen der weiteren Um- und Ausbaumaßnahmen, die im Stil des Rokoko erfolgten, wurden nach und nach auch die bisher unvollendeten Paraderäume fertig gestellt. Während der katholische Carl Eugen die bereits bestehende Schlosskapelle für seine katholischen Privatgottesdienste nutzte, wurde seiner protestantischen Gemahlin Elisabeth Friederike Sophie und dem ebenfalls protestantischen Hofstaat die Ordenskapelle zugewiesen und entsprechend umgestaltet.

Auch am Theatergebäude, das 1725 nach Frisonis Plänen errichtet worden war, wurde in den folgenden Jahren die Arbeit wieder aufgenommen. 1758/59 konnte die innere Ausstattung nach den Entwürfen von Philippe de La Guêpi-

abgelehnt wurde, denn für die Bevölkerung des streng protestantischen Herzogtums schien ein katholischer Herrscher ganz einfach etwas vollkommen Undenkbares zu sein.

So trennte sich Eberhard Ludwig abrupt von seiner langjährigen Geliebten Wilhelmine von Grävenitz und kehrte nach Stuttgart zu seiner seit vielen Jahren verschmähten Ehefrau zurück, mit der er nun die ehelichen Beziehungen wieder aufnahm, die allerdings – was den ersehnten Sohn anbetrifft – nicht von Erfolg gekrönt waren. Trotz zahlreicher Kirchengebete kam kein

ère endlich fertig gestellt werden. Bei dieser Gelegenheit erhielt das Theater eine ausgeklügelte Bühnenmaschinerie, die später von Friedrich I. modernisiert wurde und bis heute weitgehend erhalten blieb.

Zu jener Zeit befand sich Carl Eugens offizielle Residenz in Stuttgart. Dort wurde bereits seit 1746 am Neuen Schloss gebaut, das der Herzog der Ständevertretung gegen die Zusage, die Hofhaltung endgültig nach Stuttgart zurückzuverlegen, abgerungen hatte. Währenddessen hielt er sich allerdings überwiegend in der »heimlichen Residenz« Ludwigsburg auf. Nach heftigen Auseinandersetzungen mit den Ständen verlegte er dann jedoch die Residenz 1764 wieder nach Ludwigsburg, während das Neue Schloss in Stuttgart vorerst unvollendet blieb.

Die baulichen Aktivitäten des Herzogs hatten sich zwischenzeitlich bereits auf ein neues Objekt gerichtet, Schloss Solitude, mit dessen Bau 1763 begonnen worden war. Da Carl Eugen die Bauarbeiten gerne persönlich überwachte, hielt er sich in den Sommermonaten häufig auf der Solitude auf und verbrachte in Ludwigsburg zumeist nur die Wintermonate. Nachdem der Herzog 1775 die Residenz abermals nach Stuttgart zurückverlegt hatte, wurde das Ludwigsburger Schloss kaum noch genutzt. Infolgedessen wurde das Gebäude ebenso vernachlässigt wie die einstmals prächtigen Schlossgärten, die aufgrund der mangelnden Pflege bald verwilderten. Nicht nur für die Schlossanlage, sondern für die ganze Stadt wirkte sich der Umzug des Herzogs nachteilig aus. Denn die ganze Hofgesellschaft, die Behörden und das Militär übersiedelten nun zwangsläufig wieder nach Stuttgart, wodurch Ludwigsburg auf einen Schlag einen beträchtlichen Teil seiner Bevölkerung verlor. Und so erhielt die Stadt im Volksmund bald den spöttischen Namen »Grasburg«.

Erst über zwanzig Jahre später erfuhr das Ludwigsburger Schloss nochmals weitreichende Baumaßnahmen und höfisches Leben. Kaum hatte Carl Eugens Neffe, Herzog Friedrich II. 1797 die Regierung erlangt, wählte er Ludwigsburg zu seiner Sommerresidenz. Dieses war nicht nur aufgrund der jahrelangen Vernachlässigung in einem

Skulptur im Südgarten vor dem Neuen Corps de Logis

Die Nordfassade des Alten Corps de Logis mit westlicher Galerie und Jagdpavillon

schlechten Zustand, sondern auch »in verhältnismäßig bösem Geschmack ausgeziert und möbliert«, wie Johann Wolfgang von Goethe bemerkte. An der Wende zum 19. Jahrhundert wurde die barocke Gestaltung aus der Zeit Eberhard Ludwigs als erdrückend üppig erlebt, während man die Rokokoelemente Carl Eugens als allzu verspielt empfand. Dem Geschmack seiner Zeit entsprechend wünschte Friedrich II. die Umgestaltung des Schlosses in der strengen einfachen Klarheit der klassizistischen Formensprache. Mit der Leitung der Bauarbeiten beauftragte er Nikolaus Friedrich von Thouret, den er 1799 zum Hofarchitekten ernannte. Die Umgestaltungsmaßnahmen bezogen sich jedoch fast ausschließlich auf die Innenräume, während an der barocken Schlossfassade keine weiteren Eingriffe erfolgten.

Nikolaus Friedrich von Thouret und die zahlreichen Künstler, die mit ihm zusammenarbeiteten, gestalteten die Schlossgemächer zwar zu weiten Teilen im damals modernen klassizistischen Stil, bezogen aber auch etliche Elemente der Barock- und Rokokozeit mit ein. So erlebt der heutige Besucher das Schloss in einer Mischung verschiedener Stilrichtungen, die sich teilweise sogar in einem einzigen Raum begegnen können.

An der südlichen Mitte des geschlossenen Innenhofes gelangt man durch das Vestibül, dessen Gestaltung auf Eberhard Ludwig zurückgeht, in das Neue Corps de Logis. Dort führen zwei prächtige Paradetreppen in die Beletage, deren Mittelpunkt der Gardesaal und der angrenzende Marmorsaal bilden. Im Osten befindet sich die Wohnung der Königin, im Westen das dazu symmetrisch angelegte Appartement des Königs. Die Privat- und Staatsgemächer von König und Königin in der Beletage zeigen beide die gleiche Raumaufteilung, die noch auf das Hofzeremoniell des Barockzeitalters zurückgeht, das von Raum zu Raum eine gesteigerte Prachtentfaltung vorsah.

Der überaus schmucke Marmorsaal zwischen den beiden Paradeappartements wurde bei feierlichen Anlässen als Empfangssaal genutzt. Vor allem beim Besuch hochrangiger ausländischer Gäste, die häufig zur Verwandtschaft des Hauses Württemberg zählten. Dort wurde auch Kaiser Napoleon I. von Frankreich empfangen, als er 1805 das Ludwigsburger Schloss aufsuchte.

Bei dieser Gelegenheit gelang es dem Korsen durch simple Erpressung, Herzog Friedrich II. ein Bündnis aufzudrängen. Sozusagen zum Dank wurde Württemberg daraufhin 1806 zum Königreich erhoben. Die Bündnistreue des neuen Königs Friedrich I. hatte allerdings für viele Untertanen fatale Folgen. 15 800 württembergische Männer mussten 1812/13 an Napoleons verheerendem Russlandfeldzug teilnehmen, den nur 300 von ihnen überlebten.

Nach dem Tod des ersten württembergischen Königs, der 1816 in Stuttgart starb, wären seiner Witwe laut Heiratsvertrag eigentlich das Stuttgarter Erbprinzenpalais und das Stettener Schloss als Witwensitz zur Verfügung gestanden. Charlotte Mathilde bevorzugte jedoch den Aufenthalt in Ludwigsburg, wo sie sich stets wohl gefühlt hatte. Ihre Wohnung in der dortigen Residenz, die noch überwiegend im Stil des Barock gehalten war, wurde nun nach den Plänen von Nikolaus Friedrich von Thouret in der Formensprache des Klassizismus umgestaltet. Die kunstsinnige und durchaus wohlhabende Königinwitwe scheute weder Kosten noch Mühen bei der Modernisierung ihrer Gemächer. Charlotte Mathilde war künstlerisch sehr begabt und hat vermutlich etliche der Sessel und Sofas in ihren Wohnräumen selbst bestickt.

An Königin Charlotte Mathilde, die 1828 in Ludwigsburg starb und in der dortigen Gruft beigesetzt wurde, erinnert der Mathildengarten. Zusammen mit dem Friedrichsgarten diente er dem Königspaar als intimer Rückzugsort, der im Stil Englischer Landschaftsgärten mit Pavillons, Skulpturen und Staffagebauten angelegt war. Der Mathilden- und der Friedrichsgarten blieben jedoch nicht im Original erhalten, sondern wurden vor rund zwanzig Jahren sehr sorgfältig rekonstruiert.

Der Rest der riesigen Schlossgartenanlage, der seit über fünfzig Jahren erfolgreich als »Blühendes Barock« vermarktet wird, ist ein reines Phantasieprodukt der Nachkriegszeit, das anlässlich einer Gartenschau geschaffen wurde. Das Ergebnis hat nichts mit einer Barockanlage gemeinsam und keine Verbindung zu den früheren Gartengestaltungen in Ludwigsburg.

Schloss Favorite – »Lußthaus und retirade«

Die Entstehungsgeschichte des Residenzschlosses und des Lustschlösschens Favorite in Ludwigsburg sind eng miteinander verbunden. Zunächst plante Herzog Eberhard Ludwig 1704 auf dem rund 15 Kilometer von Stuttgart entfernten Gelände lediglich den Bau eines Jagdschlosses, das schließlich zu einem Residenzschloss wurde und zur Errichtung der Stadt Ludwigsburg führte.

Nachdem der Herzog, der wegen seiner Beziehung zu Wilhelmine von Grävenitz heftig kritisiert wurde und das Stuttgarter Schloss als unbequem und wenig repräsentativ empfand, seine Hofhaltung nach Ludwigsburg verlegt hatte, musste das dort seit 1704 angelegte Schloss zwangsläufig seine Funktion als Jagdschloss einbüßen. Es wurde schlichtweg zur Unterbringung des Herzogs, seines Hofstaates, der

Die prächtig gestaltete Eingangsfront des Barockschlosses Favorite

Die weit ausholende Freitreppe führt direkt in den großen Saal der Beletage.

Verwaltung und Teilen des Militärs benötigt. Daher ließ Eberhard Ludwig rund 350 Meter nördlich des ehemaligen Jagdschlosses, das nun zu einem Residenzschloss ausgebaut wurde, »alhier in dem Fasanengarten (...) ein Lußthaus und retirade« errichten. Inmitten des weitläufigen Favoriteparks, in dem er bereits einen Fasanengarten hatte anlegen lassen, wurde Schloss Favorite erbaut. Dem Wunsch des Herzogs entsprechend war es vor allem ein Rückzugsort, an dem – von höfischen Zwängen ungestört – intime Diners oder Feierlichkeiten im kleinen Kreis stattfinden konnten.

Nach den Plänen Donato Giuseppe Frisonis, der seit 1715 den weiteren Ausbau des Ludwigsburger Hauptschlosses betreute, entstand zwischen 1717 und 1723 ein freistehendes, rechteckiges und streng geometrisch angeordnetes Gebäude. Über dem Grundgeschoss erhebt sich der würfelförmige Mittelbau mit den vier Ecktürmchen, die das Flachdach mit der Aussichtsterrasse umrahmen. Dem Mittelbau wurden markante Eckpavillons angefügt, die durch Altane verbunden sind. Bemerkenswert ist die Farbgebung des Barockschlösschens, das ganz in kräftigem Gelb und Rot gehalten ist. Trotz aller späteren Umgestaltungen hat sich das äußere Erscheinungsbild – abgesehen von einem vorübergehenden hellen Anstrich – kaum gewandelt.

Feinste Stuckarbeiten von Riccardo Retti im südwestlichen Zimmer

Das Schloss Favorite diente nicht nur als Rückzugsort, sondern vor allem auch als Schauplatz höfischer Jagdveranstaltungen. Zu Eberhard Ludwigs Zeit führten vom Schloss aus sternförmig angelegte Wege in das herzogliche Jagdgebiet, in dem Fasanen für die Jagd gezüchtet wurden.

Mitte des 18. Jahrhunderts ließ Herzog Carl Eugen den Park stark verändern, die Wege weitgehend entfernen und die Fasanerie verlegen. Unter Herzog Friedrich II., dem späteren König Friedrich I., wurde der Favoritepark zu einem Englischen Landschaftsgarten umgestaltet. In diesem hielt man

Hirsche und Gämsen, für die sogar eigens künstliche Felsen geschaffen worden waren. Heute erinnert vor allem die schnurgerade Verbindung zwischen den Schlössern Favorite und Monrepos an das ehemalige Achsensystem. Auf diesem Weg gelangt man durch den Favoritepark nach Eglosheim, einem Stadtteil im Nordwesten von Ludwigsburg, wo sich am Eglosheimer See Schloss Monrepos befindet.

Mit Ausnahme von Carl Eugen und Friedrich haben Eberhard Ludwigs Nachfahren Schloss Favorite nur wenig genutzt und daher auch keine nennenswerten baulichen Veränderungen hinterlassen. Nach dem Tod des Bauherrn 1733 wurde es zunächst einige Jahre still um das Barockschlösschen, das erst ab Mitte des 18. Jahrhunderts wieder etwas mehr in den Mittelpunkt des Interesses rückte. Carl Eugen nutzte die Anlage gerne für Feierlichkeiten, ließ jedoch kaum Umgestaltungen vornehmen. Er begnügte sich mit der Einrichtung einer Küche im Erdgeschoss. Gleichwohl waren seine Pläne zunächst etwas umfangreicher gewesen. Im südwestlichen Eckzimmer hätte er gerne eine »Confidenztafel« einbauen lassen, also ein versenkbares »Tischlein-deck-dich«, welches von der Küche im Erdgeschoss aus hätte bedient werden sollen. Dieser Plan kam jedoch nicht zur Ausführung.

Das heutige Erscheinungsbild der Innenräume geht im Wesentlichen auf Carl Eugens Neffen Herzog Friedrich II. zurück. 1798 beauftragte er den Architekten Nikolaus Friedrich von Thouret, der 1799 zum Hofbaumeister ernannt wurde, mit der klassizistischen Umgestaltung der Gemächer, die dadurch einen großen Teil ihrer ursprünglichen barocken Dekoration verloren.

Hermenpfeiler am Eingang von Schloss Favorite

In den westlichen Räumen der Beletage wurden die barocken Verzierungen der Wände entfernt und durch Papiertapeten ersetzt, die überwiegend in kräftigen Farben gehalten sind. Die von Riccardo Retti stuckierten und von Luca Antonio Colomba bemalten Originaldecken blieben dagegen erhalten.

Eine Besonderheit stellt in dieser Hinsicht das südwestliche Zimmer dar. Hier wurde der barocke Stuck bei der Umgestaltung von 1798 kaum beschä-

Blick von der Aussichtsplattform auf das Residenzschloss

*Das freistehende Barockschloss Favorite
aus der Vogelperspektive*

Der große helle Saal, der fast den ganzen Mittelbau einnimmt, reicht vom südlichen bis zum nördlichen Altan, wodurch er aus beiden Himmelsrichtungen Tageslicht erhält. Zu den quadratischen Eckzimmern, die nach der jeweiligen Himmelsrichtung benannt wurden, besteht von hier aus keine direkte Verbindung. Sie sind bis auf das nordwestliche Zimmer durch kleine Kabinette mit dem Saal verbunden. Im Nordwesten führt eine Wendeltreppe, die ausschließlich von Bediensteten benutzt wurde, ins Erdgeschoss.

Die Schlossherren und ihre Gäste betraten das Schloss über die weit ausholende zweiläufige Freitreppe an der südlich gelegenen Eingangsfront, die besonders aufwändig gestaltet ist. Über die Treppe gelangte man zum südlichen Altan und von dort aus direkt in den Saal, unter dem sich die Sala terrena befindet.

Schloss Favorite wurde niemals für längere Zeit bewohnt und war daher auch nicht dauerhaft möbliert. Die Möbel, die wir heute in den Innenräumen sehen, stammen aus anderen württembergischen Schlössern, unter anderem aus dem Neuen Schloss in Stuttgart, und kamen erst nach der Sanierung 1976 bis 1982 in das Schlösschen.

digt. Daher konnte der Raum, der auch als Barockzimmer bezeichnet wird, bei der umfassenden Restaurierung des Schlosses 1976 bis 1982 originalgetreu wiederhergestellt werden.

Der große Saal im Mittelbau und die Räumlichkeiten der Osthälfte erfuhren dagegen eine vollkommene Umgestaltung. Nikolaus Friedrich von Thouret ließ die alten Stuckverzierungen abschlagen und die Deckengemälde entfernen. Die östlichen Zimmer erhielten Wand- und Deckenmalereien, die teilweise antike Motive aufgreifen, sowie Stuckierungen im Stil des Frühklassizismus.

Schloss Monrepos – das Seeschloss

Zu den bevorzugten Jagdgebieten der württembergischen Herrscher gehörte die Gegend im Bereich der heutigen Stadt Ludwigsburg. Auch Herzog Eberhard Ludwig, der wie viele Mitglieder seiner Familie ein passionierter Jäger war, begab sich dort gerne auf die Pirsch. Am Eglosheimer See ließ er sich 1715 ein Jagdhaus errichten, ein kleines und relativ bescheidenes achteckiges Gebäude.

Sein ebenso baufreudiger wie jagdbegeisterter Nachfahre Carl Eugen beauftragte vierzig Jahre später den Hofarchitekten Philippe de La Guêpière mit dem Bau eines Lustschlosses am Eglosheimer See. Gleichzeitig wurde im Bereich des »Seeschlosses« ein Park mit Terrassen und Orangerien angelegt und der See in rechteckiger Form gestaltet. Die Arbeiten am See sollen einer – nicht verbürgten – An-

Der Eglosheimer See mit dem Seeschloss Monrepos

ekdote zufolge von Sträflingen ausgeführt worden sein, von denen angeblich 60 am »Sumpffieber« starben.

Carl Eugen, dessen Hof nach Aussage seines weit gereisten Zeitgenossen Giacomo Casanova »der glänzendste von ganz Europa« war, nutzte seine Schlösser und Gärten gerne als Kulisse für aufwändige Lustbarkeiten. Auch das »Seeschloss« und der Eglosheimer See wurden zum Schauplatz von Bällen, Konzerten, Theateraufführungen, Schlittenfahrten und prächtigen Feuerwerken. 1767 engagierte der Herzog sogar zwei Gondolieri aus Venedig, die dem See südländisches Flair verleihen sollten. Über die glänzenden Festlichkeiten des Hofes, die in der Regel von dem Hofarchitekten Reinhard Ferdinand Heinrich Fischer inszeniert wurden, berichtet Carl Eduard Vehse: »Außer der Theaterherrlichkeit gab es eine fortlaufende Kette von anderweiten Lustbarkeiten. Das ganze Jahr durch wechselten Feste, Bälle, Konzerte, Redouten, Schlittenfahrten, Illuminationen, Feuerwerke und dergleichen. Namentlich die Feuerwerke

Skulptur am Treppenabgang zum See

waren prächtig und so kostbar, daß der Preis eines solchen Nachspiels sich auf eine halbe Tonne Goldes belief.«

Herzog Carl Eugen verlor jedoch bald das Interesse an seinem »Seeschloss«, an dem er die Bautätigkeiten 1765 – noch ehe der Bau überhaupt vollendet war – einstellen ließ. Er nutzte die Anlage zwar weiterhin gelegentlich als Veranstaltungsort höfischer Festlichkeiten, widmete sich aber in der Folgezeit vornehmlich seinem neuesten Bauprojekt: Schloss Solitude.

Auch die Solitude wurde von Carl Eugen nicht fertig gestellt, ehe er die nächste Baumaßnahme in Angriff nahm: Schloss Hohenheim. Dort verbrachte er einen Großteil seiner letzten beiden Lebensjahrzehnte an der Seite von Franziska von Hohenheim, die zunächst seine Mätresse und später seine Frau wurde. Während er mit seinem »Franzele« in der ländlichen Idylle Hohenheims Kühe molk und Gemüse anpflanzte, wurde es still um das »Seehaus«, das in den folgenden Jahrzehnten unbeachtet und unbenutzt blieb.

Erst 35 Jahre nach dem abrupten Baustopp richtete wieder ein württembergischer Herrscher sein Augenmerk auf das »Seeschloss«, das infolge von Vernachlässigung und Feuchtigkeit mittlerweile stark gelitten hatte.

Carl Eugens Neffe Herzog Friedrich II. beauftragte den Architekten Nikolaus Friedrich von Thouret, der bereits die Umgestaltung von Schloss Favorite geleitet hatte, mit den weiteren Bautätigkeiten am »Seeschloss«, das nun den Namen »Monrepos« erhielt, was soviel bedeutet wie »Meine Ruhe«.

Die Seeseite des Mitteltraktes von Monrepos mit der imposanten Kuppel

Zwischen 1801 und 1804 wurde der Innenausbau, der bereits unter Carl Eugen begonnen worden war, vollendet.

Gleichzeitig musste der Bau, der in den vergangenen Jahren stark unter der Feuchtigkeit des Sees gelitten hatte, trockengelegt werden. Aus diesem Grund wurde der Wasserspiegel beträchtlich gesenkt und aus dem rechteckig angelegten See ein wesentlich kleineres, unregelmäßig geformtes Gewässer. Dadurch wirkte nun die Anlage wesentlich natürlicher.

Unter Friedrich II./I. und seinem Architekten Thouret erhielt das Schloss seine prägnante Arkadenuntermauerung, auf der sich das Schlossgebäude erhebt. Der Mitteltrakt, dessen Kuppel etwas an die von Schloss Solitude erinnert, zeigt zur Seeseite hin eine deutlich hervortretende Wölbung und wird durch zwei symmetrische Seitenflügel ergänzt. Vor dem Mittelbau führt eine imposante Freitreppe zum See.

Im Umfeld des Schlosses entstand ein Englischer Landschaftsgarten mit

Schloss Monrepos von der repräsentativen Eingangsseite aus gesehen

Parkanlage und See sind öffentlich zugänglich und ein beliebtes Naherholungsgebiet.

diversen Staffagebauten, die teilweise neu errichtet wurden, teilweise aber auch aus Hohenheim kamen. Zu den Bauten zählten unter anderem eine Meierei und ein Theater sowie das »Römische Bad« und das »Rathaus« von Hohenheim, die nun zu einem »Amortempel« und einem »Dianentempel« umfunktioniert wurden. Auf der höchsten Insel des Sees fand die ebenfalls aus Hohenheim stammende »Gotische Kapelle« einen neuen Standort.

Neben diesen eher heiter verspielten Szenerien gab es auch eine ausgesprochen düstere und schaurige Einrichtung. In einem dunklen Felsengewölbe befand sich ein gruseliges »Femegericht«, dessen »Ordensrichter« durch Wachsfiguren dargestellt wurden.

Von diesen Staffagegebäuden existiert heute allerdings fast nichts mehr. Lediglich von der »Gotischen Kapelle« blieb ein Rest erhalten. Sie wurde 1945 von einer Fliegerbombe getroffen und würde heute jedem Englischen Landschaftsgarten als »malerische Ruine« Ehre machen. Die anderen Szenen wurden entweder nach Friedrichs Tod 1816 abgetragen oder dem Verfall preisgegeben, da sich nach Friedrich kein württembergischer Herrscher mehr ernsthaft für Monrepos interessierte.

Das Schloss befindet sich in Privatbesitz und kann im Innern nicht besichtigt werden. Die weitläufige gepflegte Parkanlage und der See sind jedoch ganzjährig für die Öffentlichkeit zugänglich, die die Anlage gerne als Naherholungsgebiet nutzt. An der Stelle der alten Seebegrenzung befindet sich ein Spazierweg, sodass man einen Eindruck von den enormen Ausmaßen des rechteckigen Bassins zu Carl Eugens Zeit gewinnt.

LANDKREIS LUDWIGSBURG
Stadion'sches Schloss – *Residenz des Mainzer Kanzlers*

Im Stadtzentrum von Bönnigheim, gut 15 Kilometer nordwestlich von Ludwigsburg, befindet sich ein besonderes Kleinod: Das Stadion'sche Schloss, das nach langer Vernachlässigung heute wieder in seiner alten Pracht erstrahlt. Der bonbonrosafarbene Außenanstrich, das markante Mansardendach und der hohe Dreiecksgiebel in der Mitte der Eingangsfront verleihen dem kleinen, rechteckigen Gebäude einen ganz eigenwilligen Charme. Vor dem halbrunden eingezäunten Hof steht der prächtige Georgsbrunnen, dessen Original im 16. Jahrhundert entstand, der aber 1952 durch eine Kopie ersetzt wurde. Auf seiner hohen Mittelsäule ist der Heilige Georg im Kampf gegen den Drachen dargestellt.

Die Innenausstattung des heiteren Barockschlösschens ist überaus prächtig. Eine elegante Treppe führt in die

Die Eingangsfront des Stadion'schen Schlosses in Bönnigheim

Beletage, deren Gemächer mit reizenden Stuckierungen und teilweise vertäfelten Wänden ausgestattet sind.

Seit dem Mittelalter war Bönnigheim eine so genannte Ganerbenstadt, deren Besitz sich jeweils mehrere Herren teilten, wobei die Oberlehenshoheit lange Zeit bei Mainz lag. 1727 erhielt der mainzerische Graf Johann Philipp von Stadion von Kurfürst Lothar Franz von Schönborn die Ganerbenburg Bönnigheim. Sein Sohn Anton Heinrich Friedrich von Stadion ließ dort 1756 das heutige Barockschloss errichten. Dieses war allerdings nicht als ständiger Wohnsitz gedacht, sondern lediglich als Sommerresidenz, da der Graf ebenso

Vor dem Schlosshof steht der Georgsbrunnen.

wie sein Vater in mainzerischen Diensten stand und durch diese Aufgabe an den Mainzer Hof beziehungsweise an seine jeweiligen Einsatzorte gebunden war. Nach Differenzen mit Kurfürst Karl von Ostein verließ er allerdings 1761 den Mainzer Hof und begab sich zunächst auf sein Schloss Warthausen bei Biberach und siedelte dann nach Bönnigheim über.

Begleitet wurde er von seinem Ziehsohn Georg Michael von La Roche, der unter dem Namen Georg Michael Franck geboren worden war. Vermutlich war Graf Stadion auch sein leiblicher Vater. Für diese Annahme spricht jedenfalls die Tatsache, dass er ihm sowohl eine sorgfältige Erziehung als auch lebenslange Förderung angedeihen ließ und in seinem Testament für sein weiteres Auskommen sorgte.

Im Stadion'schen Schloss verfasste Sophie La Roche ihren Roman, die »Geschichte des Fräuleins von Sternheim«.

Mit von der Partie war auch La Roches Frau Sophie, die hier die 1771 veröffentlichte »Geschichte des Fräuleins von Sternheim« verfasste, die als erster deutscher Frauenroman gilt. Viele Jahre später – Graf von Stadion war nicht mehr am Leben und die La Roches hatten Bönnigheim längst verlassen – führte sie in Ehrenbreitstein einen literarischen Salon, zu dessen Gästen auch Johann Wolfgang von Goethe zählte.

Anton Heinrich Friedrich von Stadion war ein weltoffener Mann und Anhänger der französischen Aufklärung, der in Warthausen einen Kreis von schöpferischen, aufgeklärten Menschen um sich versammelte. Zu diesem Zirkel zählte neben dem Ehepaar La Roche auch der Dichter Christoph Martin Wieland, ein Jugendfreund von Sophie, der auf diesem Weg zur antiken und französischen Literatur gefunden haben soll.

Im selben Jahr, in dem mit dem Bau des Bönnigheimer Schlosses begonnen wurde, brachte Sophie La Roche ihr erstes von insgesamt acht Kindern zur Welt. Diese Tochter Maximiliane heiratete Peter August Brentano, einen Kaufmann, und war die Mutter von Bettina und Clemens Brentano, die beide als Dichter bekannt geworden sind. Bettinas Mann Ludwig Joachim, genannt Achim, von Arnim gab zusammen mit Clemens Brentano die berühmte Sammlung »Des Knaben Wunderhorn« heraus, und bald zählte das Dichtertrio zu den geistigen und literarischen Größen seiner Zeit. Wenn es stimmt, dass Anton Heinrich Friedrich von Stadion der leibliche Vater von Georg Michael von La Roche gewesen ist, dann war er auch der Ur-

Die Schriftstellerin Sophie La Roche

großvater der dichtenden Geschwister Brentano.

Nach der Übersiedlung nach Bönnigheim war La Roche für Stadion als Privatsekretär und Verwalter des stadionschen Besitzes tätig. Der Graf starb jedoch bereits 1768 und nun trat sein legitimer Sohn Franz Conrad von Stadion als Haupterbe an seine Stelle. Graf Stadion senior hatte zwar versucht, seinen Ziehsohn La Roche in seinem Testament als Amtmann von Bönnigheim abzusichern, aber das ging nicht lange gut. Zwischen dem jungen Grafen und dem Mann, der möglicherweise sein Halbbruder war, kam es rasch zu Differenzen, die schließlich so heftig wurden, dass Familie La Roche Bönnigheim verließ.

Schließlich fiel Bönnigheim 1785 an Württemberg. Herzog Ludwig Eugen nutzte das Schloss vorübergehend als Wohnsitz und veranlasste in dieser Zeit die Anfügung der beiden kleinen seitlichen Bauteile. Nach dem Tod seines älteren Bruders Carl Eugen 1793 wurde er regierender Herzog von Württemberg und übersiedelte daher in die Hauptstadt Stuttgart.

Über weite Teile des vergangenen Jahrhunderts hinweg waren die unterschiedlichsten Einrichtungen und Institutionen im ehemaligen Stadion'schen Schloss untergebracht. Es diente als Kinderheim, Förderschule und Sitz des Christlichen Jugenddorfwerks. Seit 1996 präsentiert das Museum Charlotte Zander in dem mittlerweile liebevoll restaurierten Schlösschen die weltgrößte Sammlung Naiver Kunst und Art Brut.

Wer das Stadion'sche Schloss und die sehenswerte Sammlung besichtigt, sollte nicht vergessen, auch dem Museum Sophie La Roche im Nebengebäude einen Besuch abzustatten.

Schloss Sachsenheim – *Wasserschloss mit »Klopferle«*

Rund 30 Kilometer nördlich von Stuttgart erhebt sich über dem Enztal bei Untermberg die Ruine einer Höhenburg aus der Stauferzeit: Altsachsenheim, der Stammsitz der Herren von Sachsenheim. Der Name dieses adeligen Geschlechts ist auf zwei Ortschaften übergegangen, nämlich Großsachsenheim, das 1090 erstmals urkundlich erwähnt wurde, und Kleinsachsenheim, eines der wenigen Dörfer, das von einer Befestigungsmauer umgeben war.

Vermutlich gehörte das 1140 erstmals erwähnte Kleinsachsenheim einer Nebenlinie der Familie. Für diese Annahme sprechen auch die Burg und das Schloss, die der Ort einstmals besessen hat, sowie die Tatsache, dass Kleinsachsenheim zusammen mit Großsachsenheim an Württemberg fiel, nachdem das Geschlecht derer von Sachsenheim 1561 erloschen war.

Um 1400 verlegten die Herren von Sachsenheim ihren Sitz von der Burg, die um 1430 in den Besitz der Herren von Nippenburg kam, nach Großsachsenheim, wo sie sich eine Wasserburg errichten ließen. Dieser Bau fällt in die Zeit des berühmtesten Vertreters der Familie, Hermann von Sachsenheim, der als Verfasser spätmittelhochdeutscher Werke bekannt wurde. Hermann, der in den 60er-Jahren des

Der kompakte Bau des Renaissance-Wasserschlosses Sachsenheim

Blick in den Innenhof von Schloss Sachsenheim

14. Jahrhunderts zur Welt kam, fand allerdings erst in seinen späteren Jahren zur Dichtkunst. Den größten Teil seines Lebens verbrachte er im Dienst des Hauses Württemberg. So war er 1419 bis 1442 als Rat der Gräfin Henriette von Württemberg tätig, die nach dem frühen Tod ihres Gatten Eberhard IV. die Vormundschaft für ihre minderjährigen Söhne innehatte. Ihr zur Seite stand eine Vormundschaftsregierung, der zahlreiche Räte angehörten.

Auch nachdem Henriettes Söhne Ludwig und Ulrich für mündig erklärt worden waren und das Land gemeinsam regierten, blieb Hermann von Sachsenheim weiterhin in württembergischen Diensten. Erst als die beiden Herrscher 1442 das Land in zwei Hälften teilten, zog sich der mittlerweile über siebzigjährige Hermann zurück und widmete sein restliches Leben der Dichtkunst.

Bereits 1431 hatte er von dem 1426 mit 14 Jahren mündig gesprochenen Graf Ludwig das Familienlehen von Großsachsenheim, das bis dahin in der Hand von Hermanns Stiefvater gewesen war, erhalten. Vermutlich hielt er sich jedoch nur selten dort auf, denn im selben Jahr wurde er Lehnsrichter, was seine häufige Anwesenheit in Stuttgart erforderte.

Hermann von Sachsenheims bekanntestes literarisches Werk ist »Die Mörin«, eine spätmittelhochdeutsche Schöpfung, die man stellenweise auch als Parodie der Minnedichtung betrachten könnte. Ebenso wie »Des Spiegels Abenteuer« widmete er auch »Die Mörin« Mechthild, der Witwe des 1450 verstorbenen Grafen Ludwig I. von Württemberg, einer literarisch ungemein gebildeten Frau und engagierten Förderin der Kunst. Der hochbetagte Hermann von Sachsenheim war bis zuletzt dichterisch tätig. 1458 starb er im Alter von rund neunzig Jahren in Stuttgart.

Auch Hermanns gleichnamiger Sohn stand im Dienst des Hauses Württemberg und diente unter Graf Eberhard im Bart als Landhofmeister. Vermutlich hat sich auch der Sohn des Dichters eher selten in Großsachsenheim aufgehalten, denn seine Tätigkeit war mit mehreren weiten Reisen verbunden. Er begleitete den Grafen ebenso auf seiner berühmten Pilgerfahrt ins Heilige Land wie zur Brautwerbung ins italienische Mantua. Graf Eberhard im Bart verlieh 1495, im Jahr seiner Erhebung in den Herzogsstand, Großsachsenheim die Stadtrechte. An Hermann von Sachsenheim junior erinnert eine Statue in der Stuttgarter Stiftskirche, die ihn ins

Gebet versunken darstellt. Eine Kopie davon befindet sich im Stadtmuseum von Sachsenhausen.

1542 brannte die Wasserburg der Herren von Sachsenheim ab. Schuld an dem Feuer soll ein Gespenst gewesen sein, der so genannte »Entenwick«, der auch als »Klopferle« bezeichnet wird. Der unsichtbare, manchmal nervige, aber friedliche Geist wurde aus der Burg verjagt, so berichtet die Legende. Für seine Vertreibung soll er sich durch den verheerenden Brand, in dem die Familie umkam, gerächt haben. Eine Steinfigur auf der linken Seite des Eingangstores des heutigen Schlosses erinnert an das »Klopferle«, das angeblich aus dem Moor gekommen sein soll.

1544 ließ Reinhard von Sachsenheim ein neues Wasserschloss errichten, einen mächtigen, zwölfeckigen Renaissancebau, der mehr an eine trutzige Wehrburg als an ein städtisches Wohnschloss erinnert. Die Inschrift am Eingangstor nimmt auf den Brand von 1542 und den Neubau 1544 durch Reinhard von Sachsenheim Bezug:

Als man zalt 1542 ich sag
Im mercz 28 tag
Nach Mittag in der 1. stun
Ist dieses schlos verbrunen in grund
Durch ainer altenn magt on fleys
mit seinem schaden wurt manher weys.
Als man wardt 1544
Tha renhart von sachsenhain
etlich baumaister erwelen
Auff disen placz ain neuwe bauw zu
beratschlagenn und hat mit seiner
hand den ersten nagel geschlage
den 17 tag vir war des herbst mons
im obgemelten jar 1544

Das »Klopferle«, auch »Entenwick« genannt, ist das Sachsenheimer Gespenst.

Die einstigen Wassergräben des Schlosses blieben erhalten.

Mit dem Tod Bernhards von Sachsenheim 1561 erlosch das Geschlecht derer von Sachsenheim. Er fand seine letzte Ruhestätte in der Kirche von Großsachsenheim, wo auch Reinhard, der Bauherr des Wasserschlosses, und weitere Familienmitglieder beigesetzt wurden.

Nach dem Aussterben des Geschlechts fielen sowohl Klein- als auch Großsachsenheim 1561 an Württemberg, wodurch auch das Schloss an das Herzogtum kam.

1828 verkaufte das mittlerweile zum Königreich aufgestiegene Land das Sachsenheimer Schloss wieder. Dieses blieb unter mehreren Eigentümern bis 1952 Privatbesitz. Auf dem Friedhof von Großsachsenheim existieren noch die Gräber zweier Schlossbesitzer aus jener Zeit.

Dort befindet sich auch ein Denkmal, das an den Deutsch-Französischen Krieg von 1870/71 erinnert. Es wurde zum Gedenken an neun Soldaten errichtet, die seinerzeit kriegsbedingt in Großsachsenheim starben. 1870/71 richtete man in etlichen Gebäuden behelfsmäßige Lazarette für die zahlreichen Verwundeten ein. Auch im Sachsenheimer Schloss war ein solches untergebracht. Dort erlagen die neun Männer, an die das Denkmal erinnert, ihren Verletzungen.

1952 erwarb die Stadt Großsachsenheim das Wasserschloss, das seit 1962 als Rathaus dient. Durch den Zusammenschluss von Klein- und Großsachsenheim entstand 1971 die Stadt Sachsenheim, zu der 1973 weitere Ortschaften eingemeindet wurden.

Obwohl es heute Rathaus ist, lohnt sich ein Besuch des Schlosses: Mächtig erhebt sich der kompakte Bau, der in seiner äußeren Gestaltung weitgehend unverändert geblieben ist. Die einstigen Wassergräben sind zwar längst nicht mehr mit Wasser gefüllt, wurden jedoch trotzdem nicht zugeschüttet, sondern blieben erhalten. Die wasserlosen Schlossgräben, die heute bepflanzt sind, lassen das ehemalige Wasserschloss seltsam hoch erscheinen.

Schloss Höfingen – Wohnstatt der Truchsesse

Hoch über dem Glemstal erhebt sich weithin sichtbar und malerisch Schloss Höfingen am Ortsrand des gleichnamigen Leonberger Stadtteils. Der massive Rechteckbau, der seit den 1970er-Jahren ein Schlosshotel beherbergt, besticht vor allem durch seinen markanten Staffelgiebel und seinen üppigen Fachwerkoberbau. Ansonsten zeigt sich die Fassade des hohen Steinhauses nüchtern und sachlich, ohne Schnörkel und Verzierungen, was dem Gebäude eher den Charakter eines mittelalterlichen Wohnturmes gibt als den eines Schlosses aus dem 16. Jahrhundert.

Eine Wappendarstellung am niedrigen, runden Treppenturm erinnert an die früheren Besitzer. Dort ist das Wappen der Barbara von Neuneck zu sehen, der Gemahlin von Hans Truchsess von Höfingen, auf den möglicherweise der Schlossbau des 16. Jahrhunderts zurückgeht. Auch in Tübingen, wo Hans einige Jahre als Obervogt tätig gewesen war, finden sich Spuren des Paares. Wer die dortige Stiftskirche besucht, entdeckt ein Epitaph, das zum Gedenken an das Höfinger Truchsessen-Paar angebracht wurde.

Der Ursprung der Höfinger ist, wie bei vielen adligen Familien, historisch

Schloss Höfingen liegt umgeben von moderner Wohnbebauung hoch über dem Glemstal.

nicht gesichert, ihre Existenz lässt sich aber seit Anfang des 12. Jahrhunderts nachweisen. Auch der Bau ihrer Stammburg in Höfingen liegt im historischen Dunkeln. Die Bauzeit ist ebenso wenig bekannt wie der Bauherr und das Aussehen der Anlage.

In der Zwischenzeit – so viel ist immerhin sicher – erlebte der Höfinger Ortsadel im Dienst der Pfalzgrafen von Tübingen und der Grafen von Württemberg einen bescheidenen politischen Aufstieg. Seit Ende des 13. Jahrhunderts trug die Familie den Namen des angesehenen Truchsessenamtes als Titel, der von Generation zu Generation vererbt wurde. Sie nannten sich nun Truchsess und Truchsessin von Höfingen.

Auch was die späteren Jahre betrifft, erhalten wir keine zuverlässigen Informationen über den mittelalterlichen Stammsitz der nunmehrigen Truchsesse. Und man weiß über die alte Burg nur eines mit Sicherheit, dass sie infolge des so genannten Schlegleraufstandes 1395 geschleift wurde.

Zu jener Zeit waren die Grafen von Württemberg eine von mehreren Interessengruppen, die in Schwaben um Territorien und Machteinfluss kämpften. Ihre schärfsten Konkurrenten waren die Habsburger, die der Herrschaftsbildung der erstarkenden Grafschaft im Weg standen. Sowohl die Reichsstädte als auch der Niederadel fürchteten, zwischen den mächtigen Kontrahenten zerrieben zu werden und ihre Unabhängigkeit zu verlieren. Das bewog beide Gruppierungen, Schutz in entsprechenden Interessensverbänden zu suchen.

Der Treppenturm von Schloss Höfingen

Nach der Entstehung des ersten Städtebündnisses Mitte des 13. Jahrhunderts gründete die Ritterschaft, die sich ihrerseits wiederum durch die Städte bedroht sah, mehrere Rittergesellschaften, darunter Ende des 14. Jahrhunderts den Schleglerbund. Die Vereinigung, deren Name sich von ihrem Abzeichen, einem silbernen Schlegel, ableitete, hatte sich die Verteidigung der Rechte des Niederadels auf ihre Fahnen geschrieben, machte jedoch vor allem durch Plünderungen und Straßenräuberei auf sich aufmerksam.

Daher verband sich Graf Eberhard III. von Württemberg mit den anderen betroffenen Fürsten zur Bekämpfung des Schleglerbundes. Bereits 1395 ge-

Das trutzige Stadtschloss war einst der Wohnsitz der Truchsesse von Höfingen.

lang es den Verbündeten, die Schlegler in Heimsheim, unweit von Leonberg, zu überraschen, festzunehmen und auch ihren Bund aufzulösen. Graf Eberhard III., der seinen Beinamen »der Milde« wegen seiner besonnenen Art trug, ließ die inhaftierten Schlegler zwar schon nach kurzer Zeit frei, veranlasste aber die Zerstörung ihrer Burgen. Auch der Höfinger Ortsadel hatte sich dem Schleglerbund angeschlossen. Und so musste Hans Truchsess von Höfingen, wie so viele seiner Mitstreiter, erleben, dass Graf Eberhard III. seine Stammburg schleifen ließ.

Die Zerstörung dürfte die finanziell angeschlagene Familie hart getroffen haben, die wegen ihrer enormen Schulden bereits weite Teile ihres Besitzes veräußert hatte. Schließlich musste Burckhard Truchsess von Höfingen 1443 den Rest davon an Graf Ludwig I. von Württemberg verkaufen, wobei den Truchsessen allerdings ihr ehemaliges Eigentum in Höfingen bis zu ihrem Aussterben 1711 als erbliches Lehen zur Verfügung stand.

Das heutige Schloss wurde Mitte oder Ende des 16. Jahrhunderts auf den Fundamenten der zerstörten mittelalterlichen Burg errichtet. Im Zuge des Neubaus ließ man auch die seinerzeit noch vorhandenen mittelalterlichen Burggräben auffüllen. Es ist nicht mit Sicherheit bekannt, wer der Bauherr war, wobei allerdings vieles auf jenen Hans Truchsess von Höfingen hindeutet, dessen Gemahlin uns ihre Wappentafel am Treppenturm hinterlassen hat. In diesem Fall müsste jedoch mit dem Schlossbau, der heute gemeinhin »um 1582« angesiedelt wird, spätestens 1576, dem Jahr seines Todes, begonnen worden sein.

Nach dem Aussterben der Truchsesse, deren Grablege sich in der Laurentiuskirche von Höfingen befindet, folgten verschiedene neue Inhaber und Eigentümer, ehe das Schloss schließlich 1826 von den Freiherren von Varnbüler erworben wurde. Diese waren bereits Mitte des 17. Jahrhunderts mit Schloss Hemmingen im heutigen Landkreis Ludwigsburg belehnt worden, nach dem sie sich »von und zu Hemmingen« nannten.

Karl Eberhard Friedrich Varnbüler, der Käufer des Höfinger Schlosses, gehörte, was die Förderung der einheimischen Landwirtschaft betraf, zu den Mitstreitern von König Wilhelm I. von Württemberg. An der Gründung der Landwirtschaftlichen Unterrichts-, Versuchs- und Musteranstalt Hohenheim 1818 war er federführend beteiligt. Und auch in Höfingen richtete er ganz im Sinne Hohenheims einen landwirtschaftlichen Musterbetrieb ein, der mindestens bis in die 20er-Jahre des vergangenen Jahrhunderts Bestand hatte. Historische Aufnahmen aus dieser Zeit zeigen die Schlossanlage mit ihren damals noch existierenden Wirtschaftsgebäuden als funktionierenden Agrarbetrieb.

Mehrere Mitglieder der Familie begegnen uns als Politiker. Karl Eberhard Friedrich Varnbüler von und zu Hemmingen war 1827 bis zu seinem Tod 1832 württembergischer Finanzminister, Friedrich Karl Gottlob Varnbüler Freiherr von und zu Hemmingen 1864 bis 1870 leitender Minister und Verkehrsminister in Württemberg. Letzterer wurde allerdings von König Karl von Württemberg nach heftigen Kontroversen um seine Preußenpolitik entlassen. Er verließ daraufhin das Königreich und war von 1873 bis 1881 Abgeordneter im Berliner Reichstag, ehe er 1889 starb.

Noch bis 1936 finden sich Mitglieder der Familie Varnbüler als Bewohner des Höfinger Schlosses, das anschließend an Graf Leutrum zu Ertingen verkauft wurde und nach dem Zweiten Weltkrieg Flüchtlinge und Heimatvertriebene beherbergte. Schließlich erwarb 1970 die Gemeinde Höfingen das Gebäude. Bereits zwei Jahre später wurde es an einen Privatmann verkauft, der darin ein bis heute existierendes Schlosshotel einrichtete.

Nach wie vor erhebt sich der mittlerweile vorbildlich sanierte einstmalige Stammsitz der Truchsesse von Höfingen als malerische Silhouette über dem Tal der Glems. Allerdings beeinträchtigen heute leider unansehnliche Wohnblocks aus den 1970er-Jahren, die im direkten Umfeld des Schlosses ohne Rücksicht auf die historische Bausubstanz errichtet wurden, das Erscheinungsbild der Anlage.

Schloss Leonberg – Witwensitz mit Terrassengarten

W ie so viele württembergische Stadtgründungen des 13. Jahrhunderts geht auch die von Leonberg auf Graf Ulrich I. den Stifter zurück, der die Stadt 1248 anlegen ließ.

Im Südwesten der Altstadt, deren mittelalterliche Mauern teilweise noch erhalten sind, erhebt sich in der Nähe des historischen Marktplatzes das Schloss. Der massive, vollkommen schmucklose Bau, der in seiner kompakten Gestalt eher an eine Burg als an ein Schloss erinnert, beherbergt heute das Amtsgericht und das Finanzamt.

Im späten Mittelalter war die Gegend um Leonberg eines der bevorzugten Jagdgebiete der württembergischen Herrscher. Die Grafen und späteren Herzöge von Württemberg hielten sich gerne dort auf und nutzten

Im Südwesten der Altstadt erhebt sich das massive Schloss von Leonberg.

das Stadtschloss häufig als Ausgangspunkt großer Jagdveranstaltungen.

1560 bis 1565 ließ Herzog Christoph von Württemberg die alte Stadtburg von dem bekannten Baumeister Aberlin Tretsch zum Schloss ausbauen, das bis heute keine wesentlichen Umgestaltungen in seinem äußeren Erscheinungsbild erfahren hat.

Herzog Christoph hinterließ nicht nur vielfältige bauliche Spuren in Württemberg, sondern hat sich vor allem durch die konsequente Durchführung der Reformation, die Modernisierung des Schulwesens und zahlreiche weitere Maßnahmen einen wichtigen Platz in der Landesgeschichte gesichert. Die von ihm veranlasste Kirchenordnung und seine Veränderung des württembergischen Landrechts waren die Grundlage für zahlreiche Neuerungen in der Rechtsprechung, im Kirchen- und Schulwesen und in der Wirtschaft. Der fleißige Herzog hat damit Strukturen aufgebaut, die nicht nur wegweisend waren und zuweilen für andere deutsche Herrscher als Vorbild dienten, sondern auch entscheidende Grundlagen für das württembergische Staatswesen geschaffen, die teilweise für lange Zeit Bestand haben sollten.

Die botanisch bewanderte Herzogin Sibylla ließ den Pomeranzengarten anlegen.

Im Pomeranzengarten wurden Gewürz-, Heil-, Kräuter- und Zierpflanzen angebaut.

Das Kapitel über das Leonberger Schloss könnte man an dieser Stelle abschließen. Der einfache, lang gezogene und mittelalterlich-trutzig anmutende Bau wäre architektonisch und historisch nicht weiter erwähnenswert, gäbe es da nicht den von Herzogin Sibylla angelegten Pomeranzengarten.

Herzogin Sibylla, Tochter von Fürst Joachim Ernst von Anhalt, ist die Stammmutter des Hauses Württemberg. Aus ihrer – gelinde ausgedrückt – recht durchwachsenen Ehe mit Herzog Friedrich I. von Württemberg gingen 15 Kinder hervor, von denen immerhin zehn das Erwachsenenalter erreichten. Angesichts einer so statt-

lichen Anzahl von Nachkommen bestand die berechtigte Hoffnung, den Fortbestand der Dynastie gesichert zu haben. Im Haus Württemberg, das im Lauf der Geschichte mehrmals kurz vor dem Aussterben im Mannesstamm stand, war das ein wichtiger Gesichtspunkt, der auch auf das weitere Leben von Sibylla und Friedrich entscheidenden Einfluss haben sollte.

1593 starb Herzog Ludwig, der Sohn von Friedrichs Cousin Christoph, wodurch die Stuttgarter Linie des Hauses Württemberg erlosch. Seine beiden Ehen waren – wohl infolge seines exzessiven Alkoholgenusses – kinderlos geblieben. Glücklicherweise gab es noch die Mömpelgarder Linie, sonst wäre das Land an Österreich gefallen. So übernahm Graf Friedrich als Herzog Friedrich I. die Regierung in Stuttgart und übersiedelte mit seiner Gattin Sibylla in die württembergische Hauptstadt.

Nach dem Tod ihres Gemahls 1608 erhielt die erst 44-jährige Witwe Schloss Leonberg als Witwensitz und ließ sich dort ihren berühmten Pomeranzengarten anlegen. Er ist heute der einzige noch erhaltene Terrassengarten der Renaissance in Württemberg.

Namensgebend war die Pomeranze, eine Bitterorange, die bereits Mitte des 16. Jahrhunderts in Herzog Christophs prächtigem Renaissancegarten beim Stuttgarter Schloss zu bewundern war. Die kostbare, exotische Pomeranze war zugleich Zierpflanze und Statussymbol, wurde aber auch in der Küche als schmackhafte Frucht geschätzt. Zudem konnten aus ihr Arzneien gewonnen werden, ein Gesichtspunkt, der für Sibylle besonders interessant gewesen sein dürfte.

Die gebildete und belesene Herzogin war botanisch sehr bewandert und verstand einiges von Chemie. Zusammen mit ihrer naturwissenschaftlich gebildeten Freundin Helena Magenbuch-Osiander, die später Hofapothekerin wurde, führte sie chemische Experimente durch und stellte Arzneimittel aus Pflanzen her. Daher finden sich im Leonberger Pomeranzengarten – wie in jedem Renaissancegarten üblich – viele Gewürz- und Kräuterpflanzen, die hier allerdings von der Herzoginwitwe zur Gewinnung von Heilelixieren genutzt wurden.

Herzogin Sibylla, die Schöpferin des Pomeranzengartens

Mit der Planung des Gartens wurde der berühmte Renaissance-Baumeister Heinrich Schickhardt, der zahlreiche bauliche Spuren in Württemberg hinterlassen hat, beauftragt. Schickhardt plante und errichtete nicht nur die verschiedenartigsten Gebäude und Anlagen, sondern war unter anderem auch als Ingenieur und Kartograph beschäftigt. Seine Vielseitigkeit brachte ihm auch die Bezeichnung »schwäbischer Leonardo« ein.

Auf zwei Italienreisen studierte er die italienische Architektur und Gartenbaukunst der Renaissance, was in der Gestaltung der Leonberger Anlage deutlich zum Ausdruck kommt.

Auf dem seinerzeit stark verwilderten Gelände vor dem Schloss entstand ein rechteckiger, streng symmetrisch gehaltener Garten mit Zier-, Gewürz- und Heilpflanzen. In seinem Zentrum befindet sich ein Brunnen, in dessen Mitte sich ein hoher Obelisk mit dem herzoglich-württembergischen Wappen erhebt. Aus vier Löwenmäulern plätschert das Wasser in den weit darunter liegenden Brunnentrog.

Zu beiden Seiten des Brunnens legte Schickhardt zwei separate, umzäunte Gartenbereiche an, die in sich wiederum in vier Beetgruppen unterteilt sind. Die Gartenterrasse, an deren Ecken vier zierliche Pavillons sitzen, ist durch eine zweiläufige Treppe mit dem talwärts gelegenen Gartenbereich verbunden. Dort hatte Schickhardt ursprünglich drei Grotten geplant, von denen letztendlich allerdings nur eine verwirklicht wurde. Vermutlich sollte der unterhalb der hohen Mauer gelegene Garten ebenso aufwändig gestaltet werden wie der obere, wozu es möglicherweise durch Sibyllas Tod 1614 nicht mehr kam.

Ein rührendes kleines Gedicht auf der Brunnensäule hält die Erinnerung an die Bauherrin des unvergleichlichen Leonberger Pomeranzengartens fest:

Die durchleichtig und hochgeborn
Frau Sibila auserkorn zu Wirtemberg
Ein Herzogen von Anhalt geborne
Fürsten,
Hat anno sechzehen hundertnein
Disen Platz genommen ein.
Wie wol er war von wilder Art,
War doch daraus gemacht der lustig
Gart.

Solchem zu ierem Lust und Ziert
Hat man dis Wasser weit her gefiert.

Herzogin Sibylla, die an der Seite ihres ständig untreuen Gemahls ein recht freudloses Dasein geführt hatte, durfte ihre letzten Jahre inmitten dieses schönen Fleckchens Erde verbringen. Sie starb 1614 im Alter von 50 Jahren in Leonberg und wurde in der Stuttgarter Stiftskirche beigesetzt.

Auch Sibyllas Nachkommen schätzten den schönen Garten und kamen gerne nach Leonberg zu Besuch. Das Schloss wurde zunächst nicht mehr ständig bewohnt, diente später allerdings noch einige Male als Witwensitz. In dieser Zeit wurde der Garten weiterhin gepflegt.

1742 zog das Kameralamt ins Leonberger Schloss ein, wo es bis zu Beginn des 20. Jahrhunderts seinen Sitz hatte. Der Pomeranzengarten diente nun als reiner Nutzgarten, in dem Obst und Gemüse angebaut wurden, wobei die Anlage in ihren Grundzügen jedoch erhalten blieb. In dieser Zeit wurde Leonberg übrigens noch einmal zum Witwensitz. Allerdings zog 1796 keine Herzogliche, sondern eine bürgerliche Witwe in das Schloss ein: Dorothea Schiller, die Mutter von Friedrich Schiller, dessen Vater unter Herzog Carl Eugen »Intendant« auf der Solitude gewesen war.

Der eigentliche Niedergang des Leonberger Pomeranzengartens begann jedoch erst nach dem Zweiten Weltkrieg. Während in den 60er- und 70er-Jahren des letzten Jahrhunderts im direkten Umfeld der Anlage unansehnliche Hochhauskästen entstan-

Pomeranzengarten. Rechts das Schloss. Links der hohe Obelisk des zentral gelegenen Brunnens mit seinen Löwenmäulern und Wappen

den, die den einstmals freien Blick in die herrliche Landschaft blockieren (von Fotografen zumeist gnädig ausgeblendet), war der Garten dem Verfall preisgegeben. Die Beeteinfassungen wurden überwuchert, die Brunnen und Pavillons verkamen, der einstmals so prächtige Garten verwilderte vollkommen und geriet zunehmend in Vergessenheit.

Schließlich entschloss man sich, den gärtnerischen Schandflecken am Rande der mittelalterlichen Altstadt zu beseitigen und durch eine neue Grünanlage zu ersetzen. Als die Rodungsarbeiten

jedoch die Reste der alten Beeteinfassungen und Brunnen zu Tage förderten, besann man sich glücklicherweise eines Besseren und machte sich daran, den ehemaligen Pomeranzengarten wiederherzustellen.

Heinrich Schickhardts Entwürfe waren – und sind bis heute – noch vorhanden. So konnte der einzigartige Terrassengarten der Herzogin Sibylla seit 1980 durch das Land Baden-Württemberg nach Schickhardts Originalplänen wieder instand gesetzt werden und ist heute für Besucher zugänglich.

Schloss Dätzingen – ein Ordensschloss

Die Ortschaft Dätzingen in der Nähe von Sindelfingen ist heute eine Teilgemeinde von Grafenau, nahm jedoch bis zum Beginn des 19. Jahrhunderts eine ganz eigenständige Entwicklung. Während die beiden anderen Teilorte, Döffingen und Grafenau, zu Württemberg gehörten, befand sich Dätzingen mehr als ein halbes Jahrhundert im Besitz des Johanniterordens, der sich seit Mitte des 16. Jahrhunderts Malteserorden nannte. Dadurch blieb der Ort auch nach der Einführung der Reformation in Württemberg katholisch. Selbst nach dem Übergang an Württemberg 1806 hielten die Einwohner von Dätzingen an ihrer alten Konfession fest: Mitte des 19. Jahrhunderts waren von 645 Dätzingern lediglich fünf evangelisch.

1263 kam Dätzingen in den Besitz des Johanniterordens, der im frühen 12. Jahrhundert gegründet worden war und in der Ortsmitte ein Bruderhaus anlegen ließ. Bald wurde Dätzingen zu einer Kommende, auch als Komturei

Schloss Dätzingen mit seinem prägnanten klassizistischen Säulenportikus

Der liebevoll gestaltete Schlosspark von Dätzingen

bezeichnet, und gehörte damit zu den kleinsten Verwaltungseinheiten des geistlichen Ritterordens.

Die Johanniter waren ein reicher Orden, hatten ihren Besitz aber überwiegend im Mittelmeerraum, wo sie 1308 auf der Insel Rhodos ihren Hauptsitz nahmen. Ihr Grundbesitz in Deutschland war dagegen relativ bescheiden. Die einzelnen Komtureien waren nicht sehr groß und zumeist weit voneinander entfernt. Daher haben die Johanniter auch keine großen, prächtigen Ordensschlösser in Deutschland hinterlassen, wie man sie zum Beispiel vom Deutschen Orden kennt. Dementsprechend war das Schloss, das 1607 anstelle des alten Dätzinger Bruderhauses entstand, recht einfach und weitgehend schmucklos.

Die Johanniter hatten mittlerweile ihren Namen geändert. Nachdem sie 1522 von der Insel Rhodos, die nun dem osmanischen Reich einverleibt wurde, vertrieben worden waren,

übergab ihnen Kaiser Karl V. die Insel Malta. Fortan nannten sie sich nach ihrem neuen Ordenssitz Malteser. Auf den Ordensmänteln trugen sie als Abzeichen das achtspitzige Malteserkreuz, das sich auch heute noch im Ortswappen von Grafenau wiederfindet.

Erst seit 1733 erhielt des Dätzinger Malteserschloss eine etwas repräsentativere Gestalt. Zunächst wurde der Bau zu einer Vierflügelanlage erweitert, die einen Innenhof umschließt. Und um 1780 entstand unter dem letzten Dätzinger Malteserkomtur Johann Baptist Anton von Flachslanden der großartige Maltesersaal im Obergeschoss, der mittlerweile unter Denkmalschutz steht. Der prächtige Saal, dessen Wandgemälde an die Geschichte des Ordens erinnern, ist zehn Meter lang und acht Meter breit. Seine Gestaltung erfolgte ganz überwiegend in der Formensprache des späten Rokoko, zeigt in seinem Stuckdekor jedoch bereits erste frühklassizistische Elemente.

Rund 25 Jahre später mussten die Malteser ihr Schloss in Dätzingen aufgeben, denn im Zuge der Säkularisation fiel die Ortschaft – und damit auch das Schloss – 1806 an Württemberg. König Friedrich I. schenkte es 1810 seinem Günstling Carl Ludwig Emanuel von Dillen, der vor seiner Erhebung in den Grafenstand Carl Dillenius hieß.

Bald darauf beauftragte Graf Dillen den württembergischen Hofarchitekten Nikolaus Friedrich von Thouret mit der Umgestaltung des Schlosses. Nach dessen Plänen entstand nicht nur das klassizistische Treppenhaus, sondern auch der prägnante Säulenportikus aus hellem Sandstein an der Eingangsfront, in dessen Dreiecksgiebel das Wappen des Grafen von Dillen zu sehen ist.

Thouret entwarf auch Pläne für eine Parkanlage, die so jedoch nicht zur Ausführung kamen. Allerdings griff man bei der Gestaltung des ummauerten Gartens auf seine Entwürfe zurück und legte vor dem Säulenvorbau einen kreisrunden Springbrunnen an.

Im Zuge der Umbauarbeiten von 1812 wurde auch die Barbarakirche, die im 18. Jahrhundert durch einen überdachten Gang mit dem Schloss verbunden war, abgebrochen. Die Glocke der gotischen Kirche, eine der ältesten heute noch existierenden Kirchenglocken in Baden-Württemberg, fand in der katholischen Leonhardskirche eine neue Heimat.

Der Besitzerwechsel brachte dem Schloss jedoch nicht nur bauliche Veränderungen, sondern auch gesellschaftliche Neuerungen. War das Leben in der Malteserkommende bisher eher ruhig und religiös geprägt gewesen, fanden nun große Feierlichkeiten und Jagdveranstaltungen statt.

Über 150 Jahre blieb das Schloss im Besitz von Carl Ludwig Emanuel Graf von Dillen und seiner Nachfahren. »Als letzte ihres Geschlechts« heiratete Marie Julie Auguste von Dillen-Spiering den Königlich Preußischen Gesandten Alfred Victor aus dem alten mecklenburgischen Adelsgeschlecht derer von Bülow. Besser bekannt ist sein Bruder Bernhard Heinrich Martin von Bülow, der von 1900 bis 1909 Reichskanzler und preußischer Ministerpräsident unter Wilhelm II. war.

Marie von Bülows früh verwitwete Schwiegertochter Adrienne von Bülow, geborene Gans Edle Herrin zu Putlitz, deren Söhne bereits in jungen Jahren starben, übergab Schloss Dätzingen, dessen Möblierung versteigert wurde, 1961 der Gemeinde.

An die adeligen Schlossbesitzer von Dillen, von Dillen-Spiering und von Bülow erinnern die Grabmale auf dem Friedhof neben dem Schloss. Wer mehr über König Friedrichs Günstling und seine Nachkommen erfahren möchte, dem sei ein Besuch im Heimatmuseum empfohlen, das vom Kulturkreis Grafenau betreut wird und im Schloss untergebracht ist. Dort finden auch Ausstellungen, Theater- und Konzertveranstaltungen statt, die ebenfalls vom Kulturkreis organisiert werden.

Darüber hinaus wird das Schloss auch gewerblich von einem Auktionshaus und einer Galerie, die im Schlosspark einige ihrer modernen Skulpturen präsentiert, genutzt.

Schloss Kalteneck – »Kultur in der Burg«

Fünf Kilometer südlich von Böblingen befindet sich die Stadt Holzgerlingen, eine der ältesten Gemeinden der Region. Im Zusammenhang mit einer Schenkung wurde »Holzgerninga« 1007 erstmals urkundlich erwähnt. König Heinrich II. der Heilige, der 1014 von Papst Benedikt VIII. zum Kaiser gekrönt wurde, stiftete gemeinsam mit seiner Gemahlin das Bistum Bamberg. Diesem machte er die Ortschaft im Schönbuch, die wohl sein Eigengut und kein Reichsgut war, zum Geschenk.

Zur Zeit dieser Schenkung existierte bereits eine Burg in Holzgerlingen, die wahrscheinlich im Auftrag von Heinrich II. erbaut worden war. Wir wissen nichts über ihre Größe und Ausstattung. Der Name »Bürgle« legt jedoch die Vermutung nahe, dass es sich um eine kleine bescheidene Anlage handelte.

Schloss Kalteneck bei Böblingen mit seinem umlaufenden Wassergraben

Im Treppenhaus: Schloss Kalteneck ist heute ein Ort für Kunst und Kultur.

Besitznachfolger des Bistums Bamberg waren die Pfalzgrafen von Tübingen, wobei nicht bekannt ist, wann und aus welchen Gründen der Eigentümerwechsel stattfand. Die Pfalzgrafen waren seinerzeit ein bedeutendes Geschlecht in der Region und genossen als Gefolgsleute der Staufer hohes Ansehen. Sie gründeten nicht nur Städte, wie zum Beispiel Böblingen, Sindelfingen und Blaubeuren, sondern stifteten auch Klöster, allen voran das Zisterzienserkloster Bebenhausen im Schönbuch südlich von Holzgerlingen.

Allerdings verloren die Pfalzgrafen von Tübingen bereits seit der zweiten Hälfte des 13. Jahrhunderts an Bedeutung. Nicht nur der Untergang der Staufer, die Teilung in verschiedene Linien und Familienzwist, sondern auch ihr aufwändiger Lebensstil und die daraus resultierenden Schulden führten zu ihrem Niedergang. Nachdem sie bereits 1342 Burg und Stadt Tübingen veräußert hatten, verkauften sie wenige Jahre später auch Holzgerlingen an Württemberg.

Der Erwerb, dessen genauer Termin nicht bekannt ist, muss vor 1363 erfolgt

Anstelle der einstigen Zugbrücke führt heute eine Holzbrücke über den Wassergraben.

sein, denn für dieses Jahr erfahren wir aus den Akten: »Katharine v. Helfenstcin, Gräfin zu Württemberg, verkauft mit Bewilligung ihres Gemahls Graf Ulrichs IV. an Elisabeth v. Henneberg, Gräfin zu Württemberg, ihren Teil von Holzgerlingen um 500 lb. h.«

1412 wurde der Besitz an Ulrich Mayer von Wasseneck verpfändet. Der Grund dafür dürfte darin zu suchen sein, dass Graf Eberhard III. der Milde von Württemberg zur Finanzierung seiner aufwändigen Hofhaltung immer wieder zu Verkäufen und Verpfändungen gezwungen war.

Schließlich werden Ende des 15. Jahrhunderts zwei unehelichc Söhne Graf Eberhards im Bart im Zusammenhang mit Holzgerlingen erwähnt: Georg und Ludwig Wirtemberger. Der württembergische Graf hinterließ eine ganze Reihe an illegitimen Nachkommen, die recht wohl versorgt an seinem Hof aufwuchsen. Eine Tochter und der Sohn Ludwig wurden weitgehend von Eberhards Mutter Mechthild erzogen. Ludwig wurde vom Kaiser in den Adelsstand erhoben und promovierte zum Doktor der Rechte.

Bereits 1362 war an der Stelle des »Bürgle« aus Kaiser Heinrichs Zeit eine Wasserburg errichtet worden, die als Sitz der Vögte der Pfalzgrafen und der Württemberger diente. Die kleine, kompakte Wehrburg war durch einen umlaufenden Wassergraben und eine Zugbrücke geschützt, die mittlerweile durch eine Holzbrücke ersetzt wurde. Der massive Unterbau betont mit seinen Schießscharten und den prägnanten Strebepfeilern den wehrhaften Charakter von Kalteneck, der auch durch die Dürnitz im Untergeschoss betont wird.

Ob zu der bescheidenen Anlage, die vermutlich von einer schützenden Mauer umgeben war, jemals eine Vorburg gehörte, ist umstritten. Sehr wahrscheinlich verfügte sie jedoch über Gärten, Ställe und sonstige wirtschaftlich genutzte Nebengebäude.

In der Renaissancezeit erhielt Burg Kalteneck einen Schlossgarten, einen so genannten Pomeranzengarten. Der Name geht auf die Pomeranze zurück, eine Bitterorange, aus deren Schale Orangeat gewonnen wird. Die Pflanze war sowohl als Zier- als auch als Nutzgewächs beliebt und ein begehrtes Luxusobjekt in Renaissancegärten.

Im Jahre 1623 – der Dreißigjährige Krieg hatte bereits begonnen – wird Kalteneck als alter »Burgstall« erwähnt, der seinerzeit anscheinend recht renovierungsbedürftig war. Tatsächlich wurde die Burg nach 1623 wieder instand gesetzt und erhielt dabei ihr Eichenfachwerk, das heute teilweise freigelegt ist. Wer die Baumaßnahmen in Auftrag gab und wann sie genau erfolgten, ist allerdings nicht bekannt.

Schließlich erwarben Ilse-Jean und Ernst Burckhardt 1975 das mittlerweile wieder heruntergekommene, lange vernachlässigte Gebäude. Mit sehr viel Liebe und Elan widmete sich das Ehepaar der Wiederherstellung von Burg Kalteneck, wofür es 1981 den Peter-Haag-Preis des Schwäbischen Heimatbundes erhielt.

1988 verkauften die engagierten Burckhardts die Burg altershalber an die Stadt Holzgerlingen, die 1990/91 weitere Umbau- und Renovierungstätigkeiten vornehmen ließ. Heute präsentiert sich das schmucke L-förmige Gebäude wunderbar saniert mit Wassergräben, teilweise freigelegtem Fachwerk und weiß verputzten Wänden, deren kleine Fenster von roten Fensterläden umrahmt sind.

Kalteneck erlebt mittlerweile auch eine vielfältige neue Nutzung. Der Arbeitskreis »Kultur in der Burg« organisiert ein breit gefächertes Angebot von Veranstaltungen und Ausstellungen. Außerdem können die Räumlichkeiten von jedermann für familiäre Feierlichkeiten, Tagungen oder sonstige Zusammenkünfte gemietet werden.

Die Geschichte von Kalteneck konnte bisher noch nicht umfassend geklärt werden. Daher müssen viele Fragen – zunächst – offen bleiben, auch die, wann und warum damit begonnen wurde, den Bau, der eigentlich eine Burg ist, als Schloss zu bezeichnen.

Schloss Waldenbuch – *Jagdresidenz im Schönbuch*

»Waldenbuch ist ein artiger, zwischen Hügeln gelegener Ort mit Wiesen, Feldern, Weinbergen und Wald und einem herrschaftlichen Schloss.« So notierte Johann Wolfgang von Goethe, als er 1797 auf einer Reise in die Schweiz den Schönbuch durchquerte. Sicherlich machte er, wie alle Reisende, die seinerzeit auf dieser Strecke unterwegs waren, in der Waldenbucher »Post« Rast.

Zu jener Zeit hatte das »herrschaftliche Schloss«, das aufgrund seiner exponierten Lage weithin sichtbar ist, seine Glanzzeit allerdings weitgehend hinter sich. Obgleich es sich in einem seit alters her beliebten Jagdgebiet befand, sah es kaum noch höfische Jagdgesellschaften und sollte bald anderweitige Nutzungen erfahren.

Waldenbuch wurde 1296 erstmals erwähnt und befand sich damals im Besitz der Grafen von Hohenberg, die zu den bedeutendsten adeligen Geschlechtern in Südwestdeutschland zählten. Gertrud von Hohenberg war mit Rudolf I. von Habsburg, dem ersten König in der langen Reihe von Herrschern aus dieser Dynastie, verheiratet. Der rasante politische Aufstieg der Habsburger

Schloss Waldenbuch diente lange als Jagdresidenz im Schönbuch.

beförderte zunächst auch die weitere Karriere der Grafen von Hohenberg. Bald führten jedoch finanzielle Engpässe und mehrfache Erbteilungen zu Verpfändungen und Verkäufen hohenbergischer Besitzungen. So wurde auch Waldenbuch, das kurz zuvor zur Stadt erhoben worden war, 1363 an Graf Eberhard II. von Württemberg, genannt der Greiner, veräußert.

Damals befand sich an der Stelle, an der sich heute das Schloss erhebt, bereits eine Burg aus dem 12. Jahrhundert, deren Bauherren jedoch nicht gesichert sind. In Frage kommen sowohl die seinerzeitigen Besitzer des Ortes, die Grafen von Hohenberg als auch die Herren von Bernhausen, denen Waldenbuch, ebenso wie später den Herzögen von Urslingen, als Lehen überlassen worden war.

Graf Eberhard II. und seine Nachfahren zeigten zunächst kein gesteigertes Interesse an der alten Burg und dem beschaulichen Städtchen im Schönbuch. Das änderte sich erst unter Herzog Ulrich von Württemberg, der – eben erst aus seiner jahrelangen Vertreibung zurückgekehrt – in Waldenbuch den Sitz des Waldvogtes einrichtete, der sich zuvor in Tübingen befunden hatte. Dadurch wurde Waldenbuchs Stellung bedeutend gesteigert, denn der Waldvogt war eine wichtige Amtsperson im Zusammenhang mit der Nutzung der Ressourcen des Schönbuchs.

Der Wald war nicht nur ein beliebtes Jagdrevier der jeweiligen Herrscher, sondern spendete auch einen Rohstoff, der damals so wichtig war wie heute Öl, nämlich Holz. Es wurde nicht nur zum Bauen und Beheizen der Häuser

In exponierter Lage über der Stadt:
Schloss Waldenbuch und die angrenzende Sankt-Veits-Kirche

Das Schloss beherbergt heute das Museum für Volkskultur.

verwendet, sondern war auch für zahlreiche Handwerker der Schönbuchgemeinden eine existenzielle Grundlage ihrer Berufsausübung. Daher gab es eine komplizierte Regelung zur Nutzung der Waldrechte, deren Umsetzung zu den Aufgaben des Waldvogtes gehörte.

Die entscheidende Wende in der Geschichte von Waldenbuch brachte allerdings erst Ulrichs Sohn Herzog Christoph. 1562 bis 1566 ließ er neben der alten Burg einen Jagdsitz errichten, der unter seinen Nachfolgern nach und nach zu einem dreiflügeligen Schloss ausgebaut wurde. Zunächst entstand im Osten der heutigen Anlage ein rechteckiger zweistöckiger Bau, an dessen nordwestlicher Ecke ein Treppenturm mit einer steinernen Spindeltreppe errichtet wurde. Das Schloss wurde nun zum Mittelpunkt höfischer Jagdgesellschaften, die das wildreiche Revier und die Nähe zu Stuttgart zu schätzen wussten. Herzog Christoph konnte sich allerdings nicht mehr lange daran erfreuen. Er starb bereits 1568 im Al-

ter von nur 53 Jahren, woran sein – aus heutiger Sicht – maßloser Umgang mit Alkohol und üppigen Speisen nicht ganz unschuldig gewesen sein dürfte.

Bereits wenige Jahrzehnte später konnte das Waldenbucher Schloss den Bedürfnissen der herzoglichen Jagdgesellschaften nicht mehr genügen. Daher ließ Herzog Friedrich I. zu Beginn des 17. Jahrhunderts den Bau nach Norden hin verlängern. Bei der Erweiterung des Schlosses stand allerdings die alte Sankt-Veits-Kirche im Weg. Daher wurde deren Schiff kurzerhand abgebrochen und durch einen Neubau an der Ostseite der Kirche ersetzt.

Die Beschreibung des Oberamts Stuttgart aus dem Jahre 1860 berichtet dazu: »Die massiv aus Quadern erbaute Kirche hat einige bemerkenswerthe Eigenthümlichkeiten. Mittelalterlich ist zwar nur der untere Theil des Thurms. An ihn war, wie man von außen noch deutlich wahrnimmt, die frühere Kirche so angebaut, daß sein unterer Theil den Chor bildete. Nach dem, vermutlich um mehr Raum für das Schloss zu gewinnen, erfolgten Abbruch der alten Kirche wurde nun durch den Baumeister Schickhardt 1607 unter Herzog Friedrich der neue Bau auf die entgegengesetzte Seite des Thurms, und zwar, weil die Fläche des Bergs hier bald zu schmal wird, in der Weise schief gestellt, daß jetzt der Thurm mit einer Ecke in die Kirche herein steht.«

Die Oberamtsbeschreibung nennt ausdrücklich Heinrich Schickhardt als verantwortlichen Architekten des Kirchenbaus, was aus heutiger Sicht allerdings fraglich ist. Fest steht lediglich, dass der vielseitige württembergische Hofbaumeister in der Stadt Waldenbuch tätig war. Ob sich seine Arbeit auch auf die Kirche und womöglich auf das Schloss erstreckte, konnte bisher nicht mit Sicherheit geklärt werden.

Die nächste große Baumaßnahme am Waldenbucher Schloss erfolgte ab 1687 unter Friedrich Carl von Württemberg. Er regierte seinerzeit das Land als Vormund des minderjährigen Herzogs Eberhard Ludwig, der seinen Vater bereits im Alter von neun Monaten verloren hatte.

Friedrich Carl ließ den vorhandenen Schlossbau, also den heutigen Osttrakt, um ein Stockwerk erhöhen und parallel zu diesem im Westen den Offizienflügel errichten, in dem nun die Küchenräume untergebracht wurden. Die beiden Schlosskomplexe blieben zunächst räumlich getrennt und besaßen keine bauliche Verbindung untereinander. An der Südseite des Hofes, wo sich heute der ab 1717 erbaute barocke Teil des Schlosses befindet, standen zu jener Zeit noch einige ältere Wirtschaftsge-

bäude und Teile der mittelalterlichen Burg.

Diese wurden erst unter Herzog Eberhard Ludwig, der 1717 den Ausbau des Schlosses zu einer unregelmäßigen Dreiflügelanlage veranlasste, beseitigt. Der ebenso baufreudige wie jagdbegeisterte Herrscher konzentrierte seine baulichen Aktivitäten ansonsten insbesondere auf die nach ihm benannte Residenz Ludwigsburg, wo in jenen Jahren der Architekt und Stuckateur Donato Giuseppe Frisoni für ihn tätig war.

Diesen beauftragte er auch mit der Planung des Südflügels des Waldenbucher Schlosses, der nun als Bindeglied zwischen dem westlichen und dem östlichen Trakt errichtet wurde. Die beiden älteren Bauteile wurden leicht verändert und der neue Mitteltrakt so geschickt an das Bestehende angepasst, dass ein harmonisches Gesamtbild entstand.

Die enorme barocke Prachtentfaltung, die uns Eberhard Ludwig und Frisoni in Ludwigsburg hinterlassen haben, suchen wir allerdings in Waldenbuch vergeblich. Das Schloss, das später im Außenbereich keine nennenswerten Umgestaltungen mehr erfuhr, zeigt sich als nüchterner, schmuckloser Bau mit imposantem Walmdach, der sich um einen gepflasterten Hof gruppiert.

Die Innenraumgestaltung des Südflügels erfolgte jedoch im üppigen Stil des Barockzeitalters mit reichen Stuckaturen. Davon blieb allerdings – ebenso wie vom Raumdekor der anderen Bauteile – nur wenig erhalten.

Eberhard Ludwigs Nachfahren nutzten das Waldenbucher Schloss

Hofansicht des Waldenbucher Schlosses

zwar weiterhin als Ausgangspunkt höfischer Jagden im Schönbuch, nahmen aber keine größeren Um- oder Ausbaumaßnahmen mehr daran vor. 1807 diente das Gebäude letztmals als zeitweise Residenz fürstlicher Gäste.

Nachdem Württemberg 1806 zum Königreich erhoben worden war, wählte König Friedrich I. einen anderen Jagdsitz im Schönbuch, das ehemalige Zisterzienserkloster Bebenhausen. Dort ließ er sich das frühere Abtshaus als Jagdschlösschen umbauen und zwei Jagdzeughäuser anlegen. Gleichzeitig wurde die Oberforstmeisterei von Waldenbuch nach Bebenhausen verlegt, das in den folgenden Jahren zum Mittelpunkt aufwändiger Hofjagden werden sollte. Ihr Höhepunkt war das Dianenfest, das aus Anlass des 58. Geburtstags des Herrschers am 6. November 1812 veranstaltet wurde, woran ein großes Gemälde im Ludwigsburger Schloss erinnert. Der »erste Waidmann« – wie ein Hofdichter Friedrich I. bejubelte – ließ für dieses Jagdereignis eigens einen Festplatz mit Speisesaal, Regenunterständen, Orchester, Tempel und Obelisken im Schönbuch errichten. In wochenlanger Arbeit trieben tausende von Untertanen, die zur Jagdfron verpflichtet waren, das Wild zusammen und jagten es am Tag des Dianenfestes in ein eingezäuntes Rondell, während die erlauchten Jagdgäste aus gesicherten Schießständen rund 800 Tiere erlegten.

Nachdem Schloss Waldenbuch nicht mehr als Jagdresidenz diente, erfuhr der Bau zahlreiche Nutzungen. Während der Napoleonischen Kriege zu Beginn des 19. Jahrhunderts diente er als Militärhospital, beherbergte später aber auch eine Apotheke, eine Arztwohnung und zeitweilig ein Gefängnis. Ende des 19. Jahrhunderts wurden einige Behörden und Teile der Waldenbucher Schule im Schloss untergebracht. Nach dem Zweiten Weltkrieg diente es als Unterkunft für Flüchtlinge und Heimatvertriebene.

Dadurch konnten die historischen Räume zwangsläufig nicht originalgetreu erhalten werden. Als sich die baden-württembergische Regierung schließlich 1976 dazu durchrang, im Waldenbucher Schloss ein Museum unterzubringen, wurde die Sanierung nicht nur unter kunsthistorischen Gesichtspunkten vorgenommen, sondern auch unter Berücksichtigung der Erfordernisse eines heutigen Museums.

So blieb von der einstigen Dekoration der Gemächer nicht viel erhalten. Dafür beherbergt das Schloss heute ein grandioses Museum für Volkskultur, eines der besten seiner Art. Es präsentiert nicht nur eine Vielzahl an Gebrauchs- und Einrichtungsgegenständen, sondern verschafft durch gezielte Erläuterungen und spezielle Führungen auch einen Einblick in die Lebensweise früherer Generationen.

Praktische Hinweise

Landkreis Böblingen

71120 Grafenau-Dätzingen:
In **Schloss Dätzingen** befinden sich ein Auktionshaus, ein Antiquariat, das Heimatmuseum Grafenau sowie die Ausstellungsräume einer Kunstgalerie. Außerdem finden im Maltesersaal regelmäßig Konzerte statt. Besichtigungen bzw. Führungen auf Anfrage, Telefon (0 70 33) 4 35 39.
Informationen erteilt auch die Gemeindeverwaltung Grafenau, Telefon (0 70 33) 403-0.
Schloss Dätzingen
Schloßstraße 1
71120 Grafenau
www.grafenau-wuertt.de

71088 Holzgerlingen:
In **Burg Kalteneck** finden unregelmäßig Kunstausstellungen statt. Dann sind die Räume begehbar. Informationen bei der Stadt Holzgerlingen unter (0 70 31) 68 08-25.
Burg Kalteneck
Schloßstraße 25, 71088 Holzgerlingen

71229 Leonberg:
In **Schloss Leonberg** ist das Finanzamt untergebracht. Die Korridore sind zu den Büroöffnungszeiten betretbar.
Der Pomeranzengarten ist von April bis September täglich von 8 bis 22 Uhr, von Oktober bis März täglich 8 bis 18 Uhr geöffnet.
Schloss Leonberg
Schlosshof 3, 71229 Leonberg
www.schloesser-magazin.de

In den Räumen von **Schloss Höfingen** ist ein Restaurant untergebracht. Das Schloss kann nicht besichtigt werden.
Schloss Höfingen
Am Schlossberg 17, 71229 Leonberg

71111 Waldenbuch:
In **Schloss Waldenbuch** ist das Museum für Volkskultur des Landesmuseums Württemberg untergebracht, Telefon (0 71 57) 82 04.
Öffnungszeiten: Dienstag bis Samstag und an Feiertagen 10 bis 17 Uhr, Sonntag 10 bis 18 Uhr, montags geschlossen.
Schloss Waldenbuch
71111 Waldenbuch
www.waldenbuch.de

Landkreis Esslingen

73732 Esslingen-Serach:
Das **Palais Schloss Serach** ist in Privatbesitz. Die Innenräume können nicht besichtigt werden.
Schloss Serach
Schlößlesweg 39–47, 73732 Esslingen
www.esslingen.de

73230 Kirchheim unter Teck:
Eine Besichtigung von **Schloss Kirchheim** (Eingang über Alleenstraße) ist nur im Rahmen von Führungen möglich. Informationen über die Schlossverwaltung Ludwigsburg, Telefon (0 71 41) 18-20 04, oder das Pädagogische Fachseminar, Telefon (0 70 21) 97 45-54.
Öffnungszeiten: 1. Mai bis 1. November Mittwoch und Samstag 13 bis 16 Uhr, Sonntag und Feiertage 13.30 bis 17 Uhr. 2. November bis 30. April geschlossen.
Schloss Kirchheim
Schlossplatz 8, 73230 Kirchheim unter Teck

73257 Köngen:
Schloss Köngen kann nicht besichtigt werden.
Schloss Köngen, Blumenstraße 5
73257 Köngen
www.koengen.de

73760 **Ostfildern-Scharnhausen:**
Schloss Scharnhausen ist in Privatbesitz und
kann nicht besichtigt werden. Bei Fragen zum
Schloss gibt Stadtarchivar Jochen Bender,
Telefon (07 11) 3 40 42 87, gerne Auskunft.
Am Mühlkanal 30, 73760 Ostfildern
www.ostfildern.de

Landkreis Göppingen

73072 **Donzdorf:**
In **Schloss Donzdorf** ist heute das Rathaus
untergebracht. Während der Öffnungszeiten
des Rathauses kann das Schloss betreten
werden. Führungen nur nach telefonischer
Vereinbarung.
Schloss Donzdorf
Schloss 1–4, 73072 Donzdorf
Telefon (0 71 62) 9 22-3 01
www.donzdorf.de

73033 **Göppingen:**
In **Schloss Göppingen** ist das Amtsgericht
untergebracht. Das Schloss ist Montag bis
Freitag von 7.30 bis 16 Uhr zu besichtigen;
am Wochenende kann der Schlossinnenhof
mit der Rebenstiege nur im Rahmen von
Stadtführungen besichtigt werden.
Schloss Göppingen
Pfarrstraße 25, 73033 Göppingen
Telefon (0 71 61) 6 50-2 92
www.goeppingen.de

73066 **Uhingen:**
Schloss Filseck liegt zwischen Uhingen und
Göppingen-Faurndau. In Schloss Filseck sind
ein Restaurant und das Kreisarchiv sowie die
Kreisarchäologie des Landkreises Göppingen
untergebracht. Die Dokumentation zur
Geschichte von Schloss Filseck im Dachge-
schoss des Schlosses ist jeden Dienstag bis
Sonntag von 14 bis 17 Uhr geöffnet und
kann kostenlos besichtigt werden.
Schlossführungen können beim »Förderkreis
Schloss Filseck«, Telefon (0 71 61) 3 19 38,
gebucht werden.
Schloss Filseck
73066 Uhingen
www.schloss-filseck.de

73349 **Wiesensteig:**
Das **Schloss Wiesensteig** dient heute als
Bürgerzentrum und Veranstaltungsort.
Auskünfte zum Schloss, zu Besichtigung und
Führungen erteilt die Stadtverwaltung
Wiesensteig.
Residenzschloss Wiesensteig
Hauptstraße 51, 73349 Wiesensteig
Telefon (0 73 35) 96 20-21
www.wiesensteig.de

Landkreis Ludwigsburg

74357 **Bönnigheim:**
In **Schloss Bönnigheim** ist das Kunstmuseum
Charlotte Zander untergebracht (Naive
Kunst und Art Brut). Öffnungszeiten:
Dienstag bis Samstag 11 bis 15 Uhr,
Sonntag 11 bis 16 Uhr.
Museum Charlotte Zander
Schloss Bönnigheim
Hauptstraße 15, 74357 Bönnigheim
Telefon (0 71 43) 42 26
www.sammlung-zander.de

71634 Ludwigsburg:
Besichtigungen (auch in englischer Sprache) im **Residenzschloss** sind nur im Rahmen von Führungen möglich.
Informationen unter
Telefon (0 71 41) 18-20 04 (Schlossverwaltung). Die Schlosskasse ist täglich von 10 bis 17 Uhr geöffnet. Letzter Führungsbeginn 17 Uhr. Gruppen und Sonderführungen nach Vereinbarung. Im Winter ist das Schloss nicht beheizt! Das Lapidarium ist täglich von 10 bis 17 Uhr geöffnet.
Schlossverwaltung
Schloßstraße 30, 71634 Ludwigsburg
www.schloss-ludwigsburg.de

Besichtigungen von **Schloss Favorite** sind nur im Rahmen von Führungen möglich.
Informationen unter
Telefon (0 71 41) 18-20 04 (Schlossverwaltung). Geöffnet 14. März bis 2. November täglich 10 bis 12.30 Uhr, 13.30 bis 17 Uhr; 3. November bis 21. März Dienstag bis Sonntag 10 bis 12.30 Uhr und 13.30 bis 16 Uhr. Zwischen 14. März und 2. November laufend Führungen, Beginn der letzten Führung um 12 Uhr bzw. 17 Uhr; Führungen zwischen 3. November und 21. März laufend, Beginn der letzten Führung 12 Uhr bzw. 16 Uhr: Gruppenführungen nach Vereinbarung; Sonderführungen laut Programm und nach Vereinbarung.
Schlossverwaltung
Schloßstraße 30, 71634 Ludwigsburg
www.schloss-ludwigsburg.de

Das **Blühende Barock** ist zwischen 14. März und 2. November von 7.30 bis 20.30 Uhr geöffnet, der Märchengarten von 9 bis 18 Uhr. Gruppen-Führungen im Park nach telefonischer Anmeldung, Telefon (0 71 41) 9 75 65-0.
Blühendes Barock,
Mömpelgardstraße 28, 71640 Ludwigsburg
www.blueba.de

Schloss Monrepos ist im Besitz des Hauses Württemberg und kann nur nach besonderer Vereinbarung besichtigt werden.
Weingut des Hauses Württemberg
Schloss Monrepos
71634 Ludwigsburg
Telefon (0 71 41) 22 10 60
www.weingut-wuerttemberg.de

74343 Sachsenheim-Großsachsenheim:
Im **Wasserschloss Sachsenheim** in Großsachsenheim ist das Rathaus untergebracht, Informationen unter (0 71 47) 2 81 08. Es ist während der Öffnungszeiten des Rathauses betretbar.
Schloss Sachsenheim
Äußerer Schloßhof 5, 74343 Sachsenheim
www.sachsenheim.de

Rems-Murr-Kreis

71394 Kernen-Stetten:
Schloss Stetten beherbergt die Räume der Diakonie Stetten e. V. Das Schloss kann nicht besichtigt werden. Im Sommersaal finden Konzertreihen statt, in der Schlosskapelle Sonntagsgottesdienste.
Schloss Stetten
Schlossberg 2, 71394 Stetten im Remstal
www.kernen.de

71570 Oppenweiler:
Im **Wasserschloss Oppenweiler** ist das Rathaus untergebracht. Informationen zu Führungen im Schloss und Schlosspark unter Telefon (0 71 91) 94 01 93.
Schloss Oppenweiler
Schlossstraße 12, 71570 Oppenweiler
www.oppenweiler.de

73614 Schorndorf:
Im **Burgschloss Schorndorf** sind staatliche Behörden untergebracht. Eine Besichtigung ist nicht möglich.
Stadtinformation Schorndorf
Telefon (0 71 81) 60 21 40
www.schorndorf.de

71364 Winnenden:
Schloss Winnenthal beherbergt ein psychiatrisches Krankenhaus und kann nicht besichtigt werden. Zu Gruppen-Besichtigungen und -Führungen in der Schlosskirche St. Jacobus gibt die Evangelische Gesamtkirchengemeinde Winnenden Auskunft, Telefon (0 71 95) 5 89 29 72.
Schloss Winnenthal
Schloss 50, 71364 Winnenden
www.winnenden.de

Stuttgart

70173 Stuttgart:
Das Alte Schloss ist Sitz des Landesmuseums Württemberg. Öffnungszeiten: täglich außer Montag 10 bis 17 Uhr.
Altes Schloss
Schillerplatz 6, 70173 Stuttgart
Telefon (07 11) 2 79 34 98
www.landesmuseum-stuttgart.de

Das Neue Schloss beherbergt das Finanz- und das Kultusministerium des Landes Baden-Württemberg und ist außer im Rahmen von Sonderführungen nicht zu besichtigen.
Informationen zu Sonderführungen unter Telefon (07 11) 66 73 43 31. Auskünfte über das Neue Schloss Stuttgart erteilt auch die Schlossverwaltung Ludwigsburg unter der Telefonnummer (0 71 41) 18-20 04.
Neues Schloss
Schloßplatz 4, 70173 Stuttgart
www.schloesser-magazin.de

70197 Stuttgart:
Schloss Solitude kann im Rahmen von Führungen besichtigt werden. Führungen finden zwischen April und Oktober Dienstag bis Samstag zwischen 9 und 12 Uhr und 13.30 und 17 Uhr, Sonntag und an Feiertagen zwischen 9 und 17 Uhr statt. Zwischen November und März Dienstag bis Samstag zwischen 13.30 und 16 Uhr, Sonntag und an Feiertagen zwischen 10 und 16 Uhr. Gruppenführungen nach Vereinbarung, auch in englischer und französischer Sprache; Sonderführungen laut Programm und nach Vereinbarung.
Schloss Solitude
Solitude 1, 70197 Stuttgart
Telefon (07 11) 69 66 99
www.schloss-solitude.de

70191 Stuttgart-Bad Cannstatt:
Schloss Rosenstein beherbergt das Staatliche Museum für Naturkunde. Öffnungszeiten: Dienstag bis Freitag 9 bis 17 Uhr, Samstag, Sonntag und an Feiertagen 9 bis 18 Uhr.
Schloss Rosenstein
Rosenstein, Gew. 14, 70191 Stuttgart
Telefon (07 11) 89 36-0

70599 Stuttgart-Hohenheim:
Schloss Hohenheim ist gleichzeitig Hauptgebäude der Universität Hohenheim, das Schloss ist deshalb frei zugänglich.
Der Balkonsaal kann nur im Rahmen von vereinbarten Sonderführungen besichtigt werden.
Schloss Hohenheim
Schloss Hohenheim 1, 70599 Stuttgart
Telefon (07 11) 4 59-21 19
www.schloesser-magazin.de

70378 Stuttgart-Mühlhausen:
Das Palm'sche Schloss ist gleichzeitig Bezirksrathaus des Stuttgarter Stadtbezirks Mühlhausen.
Palm'sches Schloss
Mönchfeldstraße 35, 70378 Stuttgart
Telefon (07 11) 2 16-42 63

Schloss Bönnigheim

Landkreis Ludwigsburg

Neckar

A81

Schloss Sachsenheim

○ Bietigheim-Bissingen

Enz

○ Vaihingen a. d. Enz

Schloss Monrepos

Schloss Favorite

Ludwigsburg

Schloss Ludwigsburg

A8

Winn...

Schloss Höfingen

Palm'sches Schloss

○ Wa...

Schloss Leonberg

Schloss Solitude

Schloss Rosenstein

Stuttgart

Neues Schloss

Altes Schloss

Esslingen

Schlo...

Schloss Hohenheim

○ Ostfild...

Schloss Dätzingen

○ **Böblingen**

Landkreis Böblingen

Schloss Scharnhausen

Burg Kalteneck

Schloss Waldenbuch

○ N...

○ Herrenberg

Land...

A81

Neckar